Andreas Martin Hofmeir

Kein Aufwand

Schrecklich wahre Geschichten
aus meinem Leben mit der Tuba

*Illustrationen von
Carl-Heinz Daxl*

btb

Inhalt

Zum Geleit

Geschichte und Bedeutung des bedeutendsten Instruments überhaupt

Beschaffung und Preis-Leistungs-Verhältnis	15
Paradebeispiele für den sinnvollen Einsatz ohne allzu großen Aufwand	21
Die Tuba als Metapher der konfliktreichen Geschichte zwischen Bayern und Preußen	29
Der praktische Einsatz am Beispiel eines typischen Vertreters	35
Der Transport im Flugzeug	41

Die völlig überflüssige Autobiographie
eines 37-jährigen Tubisten

Meine Kindheit und Jugend	49
Frühe Kindheit	51
Eine Weihnachtsgeschichte	57
Üben	61
Der Aprilscherz	65
Unter dem Bundesadler – meine Zeit beim Militärmusikkorps	71
Mehr oder minder aufwändige Studien	81
Berlin	83
Ömer	87
Max	89
Uschi	93
Sebastian Weber	97
Pförtnerkunde	103
Morgenstund	109
Rekorde	113
Stockholm	121
Hannover	131
Der unerträgliche Aufwand des Berufslebens	137
Nach Linz ans Dreispartenhaus: Aufwand auf allen Ebenen	139
Die Kritik – der Lohn für den ganzen Aufwand	147

Die kurze Geschichte der segensreichen
Verbindung von Tuba und Harfe 153
Im Zug 159
LaBrassBanda – eine Aufwandseskalation ... 171
Rückbesinnung durch brasilianische Mithilfe 179

Kleine Instrumentenkunde

Die Flöte 185
Tei Pfloutn 189
Das Akkordeon 191
Akkurtheiunnn 193
Der Kontrabass 195
Dörr Kuntrabuß 197
Die Posaune 199
Tei Poußeunen 201
Die Trompete 203
Tei Tromputten 205
Die Geige 207
Tei Gougn 209
Tuppa ploussen 211

Zum Ausklang 213
Dank 215
Zum Autor 217

Ich möchte dieses Buch meiner Familie und all meinen wundervollen Freunden widmen. Ohne sie alle wäre niemals so viel herrlicher Blödsinn in meinem Leben passiert.

Zum Geleit

Ich muss jetzt vorsichtig sein. Denn allein die Tatsache, dass Sie dieses Buch in den Händen halten (und aufschlagen), und bitte fühlen Sie sich jetzt nicht persönlich angegriffen, lässt nichts Gutes ahnen.

Entweder haben Sie das Buch geschenkt bekommen: Dann haben sie fiese Freunde. Oder Sie haben es aus Versehen gekauft, weil so ein nettes Bild drauf war: Dann lassen Sie sich leicht blenden. Oder aber Sie haben es in voller Absicht erworben: Dann ist Ihnen kaum noch zu helfen.

Denn seien wir einmal ganz ehrlich: Warum um Gottes willen so ein Buch? Die Memoiren eines 37-jährigen Tubisten? Da weiß man ja gar nicht, was dämlicher ist: mit 37 seine Memoiren zu schreiben oder dass ein Tubist überhaupt schreibt, und dann auch noch über seinen Beruf!

Beruf? Welcher Beruf?

Sehen Sie, da beginnt schon das ganze Missverständnis...

*Geschichte und Bedeutung
des bedeutendsten Instruments
überhaupt*

Beschaffung und Preis-Leistungs-Verhältnis

Tubist wird man nicht aus hehren Gründen. Tubist wird man, weil man für ein anspruchsvolles Instrument einfach keinen Ehrgeiz hat. Oder weil man nicht üben will, aber trotzdem auf die Biermarken beim Volksfest spechtet. Nichts tun und trotzdem dabei sein. Da kann man schon fast von ein bisschen Cleverness sprechen. In der Blaskapelle müssen sich zum Beispiel alle erst mal ihr Instrument kaufen, eine Tuba aber bekommt man gestellt. Zwar total zerbeult und undicht und aus dem Ersten Weltkrieg, aber man muss schließlich auch keine Erwartungen erfüllen. Wir Tubisten, wir sind ja quasi die Mitläufer der Musikanten, wobei das auch wieder falsch ist. Denn in »Mitläufer« ist das Wort »Laufen« enthalten. Und wir Tubisten sitzen eigentlich lieber, denn jede unnötige Bewegung ist ein Aufwand.

Und einen Aufwand, den schätzen wir überhaupt nicht.

Wenn man zum Beispiel in einem klassischen Berufsorchester vergleicht: In einer sagen wir mal Dvořák-

Symphonie, Hausnummer Neun, da spielen die ersten Geigen ungefähr 20 000 Töne, die Tuba sieben. Die werden zwar wiederholt, also 14, aber da kommt's schon auch nicht mehr drauf an. So.

Das Interessante dabei ist nämlich, dass der Geiger und der Tubist dafür genau das gleiche Geld kriegen. Wenn man also jetzt das Pro-Ton-Einkommen berechnet, also mal angenommen bei einer Abendgage von 300 Euro, dann erhält der Geiger pro Ton 1,5 Cent, ich 21,43 Euro. Da muss man nicht BWL studieren, um sich da ein Urteil zu bilden. Und da kann man ruhig mal auf ein bisschen Rampenlicht verzichten.

Und damit leider auch auf die Wirkung auf Frauen.

Aber es ist doch eh nur Stress, wenn man ständig angehimmelt wird. Die wollen dann immer gleich was, und was hat man dann? Sofort wieder einen Aufwand. Und einen Aufwand versuche ich ja doch lieber zu vermeiden. Da ist es doch schön, wenn man einfach nur belächelt wird, oder? Das ist eine eher passive Angelegenheit, und so wünschen wir Tubisten uns das. Oder wir reden es uns ein. Egal. Gegen meinen Gitarristen, den Guto, hab ich sowieso keine Chance, denn erstens ist Gitarre Lagerfeuer und per se sexy, und außerdem ist er auch noch fesch und Brasilianer, da kann ich mich gleich auf andere Sachen konzentrieren. So ein Gitarre spielender

Brasilianer neben einem auf der Bühne ist quasi wie ein Keuschheitsgürtel. Der fängt alles ab. Na ja.

Auf jeden Fall haben wir Tubisten viel Zeit, denn wir müssen schließlich nicht üben (für sieben Töne, bitte schön?), und irgendwas muss man doch machen, wenn die Geigen sich da vorne einen Wolf spielen. Ich hab's dann erst mit Lesen probiert, aber das ist auch so anstrengend, und man muss erst das Buch kaufen, und vorher muss man noch eines aussuchen, und das ist ja schon wieder so ein Aufwand, und am Ende erwischt man vielleicht sogar das falsche! Der Buchkauf ist heutzutage so ein anstrengender und gefährlicher Prozess, dass ich damit lieber gar nicht erst anfange. Deshalb schreib ich jetzt. Das ist leicht, das kann sogar mein Freund, der Deininger, und verdient sogar sein Geld damit. Ein Wahnsinn.

Aber ich hab's mir dann doch leichter vorgestellt, als es am Ende war. Denn dann kommt ja gleich wieder so eine Entscheidung daher: Schreib ich Prosa oder Lyrik?

Und da hab ich erst mal in mich hineingehorcht, um quasi herauszufinden, was mein Schreib-Ich eigentlich so will. Ein halbes Jahr hab ich das gemacht, ich hab gehorcht und gehorcht und gehorcht, und es ist nix gekommen.

Und jetzt mach ich halt beides, Prosa und Lyrik. Das

ist sehr praktisch, dann kann ich, wenn die Prosa voll in die Hose geht, einfach sagen: Du, ich mach auch Lyrik, das musst du mal anhören. Oder nach einem saublöden Gedicht: Ich schreib normalerweise Prosatexte, die musst du mal anhören. Und wenn beides Müll ist, dann sag ich: Du, ich spiel auch Tuba, das musst du mal anhören. Und dann, dann werde ich wenigstens belächelt. Und das ist doch auch schon mal was.

*Paradebeispiele für den sinnvollen Einsatz
ohne allzu großen Aufwand*

Wie Sie sicherlich wissen (vielleicht sogar als Zeitzeuge), ist die Tuba als bayerischstes aller Instrumente und als die Vollendung der Instrumentenbauerkunst erst 1835 erfunden worden, und zwar – jetzt halten Sie sich fest – paradoxerweise in Berlin. Völlig verrückt, aber lassen Sie uns darauf später noch mal zurückkommen. Bleiben wir vorerst beim Instrument selbst:

Die Tuba ist also folglich das neueste und hochentwickeltste Instrument der nichtelektronischen Instrumentalgeschichte überhaupt, wenn man mal vom Saxophon absieht. Aber das ist ja auch kein Instrument. Alle anderen Instrumente sind quasi evolutionstechnisch gesehen auch in Wirklichkeit nur prähistorische Vorläufer, kümmerliche Versuche auf dem Weg hin bis zu dieser Vollendung der Instrumentenbauerkunst.

Und 1835, müssen Sie wissen, das war eine Zeit, in der es noch kein Telefon gab, kein Fax, kein E-Mail. Bis man also mitbekommen hatte, dass da ein gewisser Herr

Wieprecht in Berlin so ein Rohr zusammengelötet hat, bis man jemanden gefunden hatte, der es nachgebaut hat, bis man jemanden gefunden hatte, der freiwillig hineinblasen wollte, bis man jemanden gefunden hatte, der auch etwas halbwegs Vernünftiges rausgebracht hat, bis den wiederum ein Komponist gehört hat, der dann gesagt hat: »Na ja, so grausig klingt's gar nicht ...«

Auf jeden Fall: Das erste vorzeigbare Solostück für Tuba datiert aus dem Jahre 1955, also 120 Jahre später.

Und selbiges existiert auch nur, weil ein Komponist namens Hindemith vollmundig verkündet hatte, er würde für JEDES Instrument eine Sonate schreiben. Seine Sonate für Tuba war also mehr das Produkt einer Angeberei (oder vielleicht auch einer Wette?) als eine missionarische Tätigkeit. Seine Tuba-Sonate zeichnet sich übrigens dadurch aus, dass der Tuba-Part äußerst schlicht und nicht besonders anspruchsvoll gehalten ist, während die Klavierstimme dem Pianisten einen halben Fingerbruch verordnet. Besonders lustig ist immer, dass sich nach einem Vortrag dieses Werkes der Tubist am vorderen Bühnenrand stolz und wunderbar ausgeruht feiern lässt, während der Pianist im Hintergrund schweißgebadet und frustriert von der Bühne schleicht.

Aber vor diesem Werk lagen, wie Sie ja jetzt bereits wissen, über hundert Jahre, in denen man die Tuba nur bedingt solistisch einsetzte, und wenn, dann meistens humoristisch oder zum Zwecke der Angsteinflößung beziehungsweise so gut wie gar nicht. Wie zum Beispiel bei der vorhin erwähnten »Neunten Symphonie« von Dvořák.

Besonders interessant ist in diesem Zusammenhang der Hintergrund, warum Dvořák überhaupt diese sieben Tuba-Töne da hineinkomponiert hat. Das ist kaum zu verstehen, zumal Dvořák ja wirklich, sagen wir mal, also durchaus musikalisch war. Da hat man eine knappe Stunde diese herrlichen Themen aus der Neuen Welt, vom Horn, von der Klarinette, die Geigen jubeln über das neue Amerika hinweg, und dann – mittendrin – ist da dieser zweite Satz. Und dieser zweite Satz beginnt mit einem Trauergesang, also einem Posaunenchoral, das ist so ungefähr das Gleiche. Ein vollständiger, fertiger, trauriger Posaunenchoral. Bestehend aus wie viel Tönen? Richtig: sieben. Und jetzt werden Sie sich sicher fragen: Wenn das ein fertiger Posaunenchoral ist, warum dann eine Tuba? Das klingt doch schon traurig genug. Und Sie haben recht! Da war auch eigentlich gar keine Tuba. Nichts, keine Spur. Dienstfrei. Tubistenfeiertag!

Wie kommt es also, dass nun alle Tubisten weltweit eine völlig überflüssige, die Bassposaune einfach doppelnde Stimme spielen müssen, und das in einem der meistgespielten Werke der klassischen Musikliteratur? Abertausende schweißgetränkter Arbeitstage für überarbeitete Tubisten, für nichts und wieder nichts? Warum?

Ich werde es Ihnen erklären: 1893 stand in der New Yorker Carnegie Hall die Premiere des Werkes an, und weil das auch für einen bekannten Komponisten wie Dvořák ein sehr besonderer Karriereschritt war, wollte er natürlich als pflichtbewusster und motivierter Komponist bei allen Proben anwesend sein, um sein neues und kostbares Werk gut erarbeitet zu wissen. Gut erarbeitet wurde aber zeitgleich vor allem seine Ehefrau, und zwar zeittechnisch bedingt nicht von ihrem Gatten, sondern praktischerweise von einem einfühlsamen Orchestermusiker, der Gott sei Dank in dieser Symphonie nicht besetzt war. Dreimal dürfen Sie raten, welches Instrument …

Unglücklicherweise wurden die beiden verraten, und so unterband Dvořák auf hinterlistige und grausame Art und Weise das noch junge Glück und kettete den Liebhaber für sieben lächerliche Töne den ganzen Abend hinter das Notenpult. Das, meine Damen und Herren, ist der Grund, warum der Trauergesang im zweiten Satz von Dvořáks Neunter so abgrundtief traurig klingt und warum alle festangestellten Tubisten des Erdballs jedes Jahr aufs Neue zähneknirschend ihre weinenden Frauen und Kinder zurücklassen und sich für völlig sinnlose sieben Töne auf die Konzertbühnen der Welt wälzen. Und deshalb, bitte, haben Sie ein wenig Mitleid mit uns …

Nicht als Strafmaßnahme, sondern als artgerechte Haltung gilt die Verwendung der Tuba bei Richard Wagner. Wagner war begeistert vom Klang der Tuba (nicht zu verwechseln mit den Wagner-Tuben, das sind lediglich schlechter intonierende Waldhörner), weniger aber wohl von der Klangkultur der damaligen Spieler. Zu deren Verteidigung muss man fairerweise erwähnen, dass anfangs nur frustrierte Posaunisten oder pensionierte Trompeter zu Tubisten umfunktioniert wurden. Und noch bis in die 1960er Jahre gab es keine »reinen« Anstellungen für Tubisten in den Orchestern, sondern nur solche mit gleichzeitiger Verpflichtung zum Kontrabass, zum Busfahren oder auch zur leichten Gartenarbeit.

Wagner war das alles wohl bewusst, und so verwandte er die Tuba stets zur Untermalung besonders gruseliger Momente in seinen Opern, allen voran im Ring des Nibelungen. Dort hat die Tuba ihr großes Solo, wenn der schleimige Wurm Fafner aus seiner Höhle kriecht. Leider wird Fafner recht schnell von Siegfried umgebracht, weshalb es im weiteren Ring keine solchen Glanzstellen mehr gibt.

Aber auch andere Komponisten wussten die Finesse des Instruments zu schätzen:

Gleich zu Beginn meiner Studienzeit in Berlin kam ich in den Genuss, als Einspringer für meinen damaligen Professor im Orchester der Komischen Oper mitzuwirken, und zwar bei zwei wunderbaren Werken, in denen die Tuba eine besondere Rolle einnimmt: Da war zum einen das Ballett »La Fille mal gardée« von Ferdinand Hérold, eine tänzerische Symbiose von Zwangsheirat und Paarungsakten in Heuschobern. Den Höhepunkt erreicht das Spektakel schon sehr früh, als ein ziemlich betrunkener Tänzer sich am Minnetanz versucht. Die Abfolge der für klassisches Ballett durchaus ungewöhnlichen Tanzschritte wird dabei ausschließlich von einem einzigen Instrument untermalt, und zwar von dem, das dieser Situation als einziges gewachsen ist: der Tuba.

Zum anderen durfte ich dort eine herrliche Oper spielen, die leider viel zu selten aufgeführt wird: »Die Liebe zu den drei Orangen« von Prokofjew. Kennen Sie diese Oper? Nein? Macht nichts, das Libretto ist ganz schnell erzählt:

In diesem seinem Meisterwerk geht es um drei Orangen, in deren jeder eine Prinzessin versteckt ist. Also eine fesche Prinzessin, wenn es denn das Ensemble hergibt. Und weil dieser Umstand allgemein bekannt ist, ist eine beträchtliche Anzahl von Herrschaften recht gamprig auf diese Orangen und würde sie gerne aufmachen (»gamprig« hat im Hochdeutschen leider keine adäquate Entsprechung; das gern verwendete »scharf« beschreibt den Umstand deutlich zu schwach).

Zum Schutze der drei Orangen hat Prokofjew nun eine durchaus gewaltbereite Köchin angestellt, die in der preisgekrönten Inszenierung von Homoki an der Komischen Oper fünf Meter misst und von einem Bass gesungen wird. Sie ist bewaffnet mit einem drei Meter langen Kochlöffel, mit dem sie sehr virtuos umzugehen vermag. Falls allerdings die Gefahr zu groß wird und dieser zur Verteidigung der Orangen nicht mehr ausreicht, dann hat die Köchin eine noch viel schlimmere Waffe auf Lager: Sie hat eine rege Darmflora entwickelt, und dadurch sogenannte Flatulenzen. Wenn also große Gefahr im Verzug ist, dann kann es also passieren, dass die Köchin sorgsam einen fahren lässt. Dann stinkt es dermaßen in der Küche, dass man sie evakuieren muss, und die Orangen sind sicher.

Und wenn also eine solche Situation entsteht (was in der Oper etliche Male vorkommt) und die Köchin, sagen wir mal ganz salopp, also wenn sie furzt: Das ist ein sehr bekanntes Tuba-Solo.

Eine Information für die Musikwissenschaftler unter Ihnen: die Köchin furzt auf F. Und manchmal deutet sie den Furz auch nur an, das intoniert dann das Fagott. Aber das geht jetzt schon zu sehr ins Detail…

*Die Tuba als Metapher der konfliktreichen
Geschichte zwischen Bayern und Preußen*

Schauen Sie, die Komponisten vor der Erfindung der Tuba hatten solche Möglichkeiten ja überhaupt nicht.

Die konnten eine solche Ausdruckstiefe gar nicht erreichen, das geht mit einer Geige einfach nicht. Sind wir doch mal ehrlich, wo der Mensch seine intimsten Emotionen völlig losgelöst von allen gesellschaftlichen Konventionen auslebt, da spielt halt kein Streichquartett, sondern wer? Die Tuba natürlich – im Bierzelt.

Deshalb gilt die Tuba ja auch als das bayerische Instrument schlechthin – da denkt man an Massen, Gemütlichkeit und viel gebratene Schweine. Aber – und das ist jetzt die traurige Wahrheit – die Tuba ist ja leider gar kein bayerisches Instrument. Sie ist, wie Sie ja jetzt bereits wissen, das Instrument für jeden, der mit dem geringsten Aufwand möglichst viel erreichen will. Das ist nämlich der wahre Grund, warum die Tuba ausgerechnet in Berlin erfunden worden ist.

Die Tuba verbindet gewissermaßen Berlin und Bayern. Und den Berliner und den Bayern verbindet ja übrigens auch ein gewisser Hang zur Gemütlichkeit. Das ist natürlich kein Zufall, sondern historisch begründet.

Können Sie sich noch erinnern, wann zum letzten Mal ein Bayer in Berlin regiert hat?

Ich weiß, in jüngerer Zeit gab es ja mehrere Fehlschläge in dieser Hinsicht… Aber der letzte Bayer, der es geschafft hat, in Berlin zu regieren, das war im 14. Jahrhundert der Wittelsbacher Kurfürst Otto V., auch genannt »Otto der Faule«, der übrigens seinen Lebensunterhalt mit einem unbürokratisch erhobenen Wegzoll für auswärtige Reisende verdiente.

Und das völlig unbehelligt von irgendwelchen Päpsten, Kaisern oder Junkern.

Und von Otto dem Faulen führt nun also die historische Entwicklung quasi zwingend bis hin zur Erfindung der Tuba 1835.

Das war leider schon ziemlich spät. Die frühere Musikgeschichte ist daher im Grunde eine Geschichte verpasster Möglichkeiten. Fragen Sie sich nicht auch jeden Tag, wie die »Kleine Nachtmusik« klingen würde, wenn der Mozart die Tuba gekannt hätte?

Oder: Beethoven! Beethoven ist ja dafür bekannt gewesen, die Möglichkeiten der Instrumente seiner Zeit immer wieder gesprengt zu haben. Wenn er noch etwas länger gelebt hätte, dann hätte er sicher ein Tubakonzert geschrieben, zumal er ja auch schon taub war.

Oder Vivaldi, die »Vier Jahreszeiten«?

Freilich, mit Tuba klingt's wahrscheinlich über den Telefonhörer in der Warteschleife ein bisserl dumpf, aber dafür hätt' der Winter aus den »Vier Jahreszeiten« dann wenigstens die nötige Folklore-Note als Soundtrack für die nächste Olympiabewerbung Münchens 2086.

Sie alle haben es nicht gemacht, und so war es, wie wir wissen, Wagner, der die Tuba entdecken musste. Deshalb ist es sicher auch kein Zufall, dass Wagner vor allem in Bayern so großzügig gefördert wurde.

Genauso wie die Königsschlösser hat er seinerzeit die Finanzen von Ludwig II. ziemlich ruiniert. Und das, verehrte Leser, obwohl Neuschwanstein bis heute keine Entrauchungsanlage hat!

Die Königsschlösser sind dann im Grunde auch als Bauruinen stehen geblieben. Deshalb kann ich nicht verstehen, dass heute in Bayern manche sagen: Für diesen Berliner Flughafen wollen wir nicht mehr zahlen. Ob das Ding jemals in Betrieb geht, ist doch völlig wurscht. Ludwig II. hat auch nur 172 Tage auf Neuschwanstein verbracht.

Man sollte aus der Geschichte lernen, den Flughafen einfach als Luftschloss für japanische Touristen öffnen und dafür in München eine fünfte Startbahn bauen.

Außerdem hat Ludwig II. auch viel Geld von den Preußen bekommen, dafür, dass er im Gegenzug dem Wilhelm I. die Kaiserwürde angetragen hat.

Auf dieser Basis funktioniert die Einbindung Bayerns in den Gesamtstaat im Prinzip noch heute, nur dass keine Schlösser mehr gebaut werden, sondern Ortsumgehungen in der Oberpfalz. Die brauchen wir übrigens dringend, damit die dortigen Autofahrer an so gut wie jedem Wochenende des Jahres den Vollsperrungen der Ortskerne aufgrund frei herummarschierender Tubisten entgehen können, die verzweifelt versuchen, mit den jungen Klarinettistinnen Schritt zu halten.

Der praktische Einsatz am Beispiel eines typischen Vertreters

Manchmal hat man allerdings auch als Tubist einen großen Aufwand. Ich musste zum Beispiel einmal in Augsburg bei den Philharmonikern einspringen. Einspringen ist dann notwendig, wenn der eigentliche Tubist keine Lust hat. Es gibt also reichlich Gelegenheit dazu.

Geködert wurde ich damit, dass es eine Freilichtaufführung sei, an einem sehr schönen Ort mit einem noch schöneren kleinen Biergarten hinter der Bühne. Der Biergartendesigner habe über den Biergarten ein Dach designt, wenn es also regnen würde, verbrächte man die Vorstellung eben dort. Das klang nach einem vernünftigen Arrangement.

Gespielt werden sollte »Der Fliegende Holländer« von Richard Wagner, das ist eine recht annehmbare Musik mit einer sehr sinnvollen Handlung. Verkürzt gesagt geht es darum, dass der zum Seefahren verdammte Holländer nur durch eine ihn liebende Frau erlöst werden kann, die ihm treu bleibt bis in den Tod. Um das vor Zeugen sicher zu gewährleisten, stürzt sich die auserwählte Senta von einem schroffen Felsen hinunter. Das hat Charme und Klasse, es ist dem Holländer geholfen und auch allen Beteiligten, denn so hört sie endlich auf zu singen, und die Oper dauert für Wagner erträgliche drei Stunden. Das Publikum kriegt noch die letzte Straßenbahn, der Biergarten hat noch auf – so ein Freitod kann zweifellos etwas sehr Nützliches haben.

In jenem Jahr wurde dieser Holländer dort schon sieben Mal aufgeführt, aber Senta blieb immer am Leben, denn einsetzender Regen beendete die Oper zuverlässig spätestens nach dem zweiten Akt. Das Publikum ist dann hin und her gerissen zwischen der Erleichterung, dass man doch früher wieder nach Hause kommt, und der brennenden Neugier, wie sich die doch etwas wohlgenährte Darstellerin der Senta bei ihrem Sturz von der Klippe denn so gemacht hätte. Ich glaube aber, dass es nicht sehr spektakulär und auch nicht naturgetreu inszeniert worden wäre, denn heutzutage kann sich kaum ein Opernhaus mehr eine stete Neubesetzung einer so großen Rolle wie die der Senta leisten. Verdammte Finanzkrise.

Ich hatte allerdings das besondere und für Einspringer auch seltene Vergnügen einer Probe zu diesem Stück

gehabt. Und zwar einer Hauptprobe, d.h., dass alle verkleidet sind (außer dem Orchester) und im Gegensatz zur Generalprobe alles klappen muss. Für die Tuba besonders reizvoll ist die Ouvertüre. Da spielt sie tatsächlich ständig die Melodie, es geht nämlich um betrunkene Matrosen auf einem schlingernden Schiff. Bei der Vertonung von Alkoholkrankheiten und Seekatastrophen ist noch kein Komponist an der Tuba vorbeigekommen.

Man kann das in der Klassik nicht oft behaupten, aber in dieser Ouvertüre geht ohne Tuba gar nichts. Ich freute mich sehr auf diese Aufgabe und war pünktlich zu Beginn der Probe mit meinem Auto in einem Stau im Allacher Tunnel bei München, von wo aus sich das gemeinsame Musizieren etwas schwieriger anließ. Eine Dreiviertelstunde später erlöste ich den Dirigenten, der aufopferungsvoll die Tubastimme in ein Mikrofon brüllte. Dazu musste ich mich allerdings quer durch das spielende Orchester drängen, natürlich nicht ohne jeden Einzelnen zu grüßen – denn Höflichkeit ist das erste Gebot, das weiß ich von meiner Mutter.

Nicht ganz so höflich war die reizende Dame Anfang sechzig, die mich in der Pause wie eine Furie anschrie, warum ich so spät mitten durch den Orchestergraben ginge, dass das eine Frechheit sei und warum ich nicht den Weg um die Bühne herum nutzte. Diesen kannte ich nicht, und so lud ich die Frau ein, jenen Pfad doch gemeinsam zu beschreiten, da ja am Ende des selbigen der Biergarten und damit der richtige Ort für eine sinnvolle Pausengestaltung lockte. Leider aber fehlte der Frau offensichtlich die Ruhe für eine solche Unternehmung, sie schrie mich weiter an, dass man nie zu spät kommen dürfe, und behauptete, man hätte ohne mich ja gar nicht anfangen dürfen. Warum man es dann getan hätte, war meine gleichzeitig berechtigte wie vorwurfsvolle Frage, aber für logische Argumente war die Dame offenbar nicht mehr zugänglich. Höchst unprofessionell sei ich, meinte sie, was ich gerne bestätigte, und dann wagte sie die bange Frage, was wohl ein Herr Nagano dazu sagen würde, was ich auch hochinteressant gefunden hätte. Und der Herr Nagano vermutlich auch.

Es half nichts – trotz meiner verständnisvollen Haltung war sie nicht zu beruhigen, nicht einmal durch meine Frage, wer um alles in der Welt sie eigentlich sei. »Die Intendantin!«, schrie sie. Und da freute ich mich über die unverhoffte Wertschätzung, die die Leiterin eines berühmten Opernhauses den bescheidenen Diensten eines einfachen Tubisten widmete.

Die Premiere des Holländers am übernächsten Abend wurde übrigens folgerichtig nach der Ouvertüre abgebrochen – ich war aber da.

Der Transport im Flugzeug

Ein paar Höhenmeter über der sibirischen Tundra verliert man gern mal das Zeitgefühl, vor allem, wenn man quasi rückwärts durch die Nacht fliegt und sie in vier Stunden Dunkelheit abhandelt. Vier Stunden, da muss man sich mit dem Betrinken in der Bordküche sehr beeilen, aber das braucht man einem Orchester nicht extra in den Reiseplan zu schreiben. Dieses Wissen wird seit Generationen mündlich weitergegeben.

Wir haben in den letzten Jahren viel Zeit in Flugzeugen verbracht, meine Tuba und ich.

Wenn ich meine Tuba mit an Bord nehme, habe ich von Anfang an einen kleinen Idioten-Bonus. Ich buche für die Tuba immer einen Extra-Sitz, Economy, das muss reichen an Komfort. Die Probleme fangen trotzdem meistens schon an der Handgepäckkontrolle an. Die Handgepäckkontrollindustrie baut nämlich viel zu kleine Scanner, da passt an drei von vier Flughäfen mein

Teil einfach nicht durch. Entnervte Handgepäckkontrolleurinnen fordern mich dann immer auf, die Tuba aufzugeben, denn was nicht durch den Scanner passt, darf auch nicht an Bord. Ich sage dann, dass ich für mein Handgepäck ja extra einen Sitz gebucht habe. Und wenn das nicht hilft (was meistens der Fall ist), dann kommt der Satz, auf den ich mich immer am meisten freue: Ich zeige auf den erstbesten Dicken und sage ganz laut, dass der ja auch ins Flugzeug darf, obwohl er nicht durch den Scanner passt! Dann werde ich immer ziemlich hastig weitergewunken.

Spielen musste ich an der Kontrolle noch nie, das ist aber dafür meinem Freund Deininger passiert, als er für einen armen Studenten in meinem Auftrag eine Tuba nach Brasilien geschmuggelt hat. Das ist schon deshalb eine schöne Vorstellung, weil der Deininger noch nie irgendwas spielen konnte, nicht mal Triangel in der 5. Klasse. Ich hatte ihm deshalb telefonisch noch erklärt gehabt, wo er denn im unwahrscheinlichsten Fall das Mundstück draufzustopseln habe und wie er dann so ungefähr reinblasen solle, aber im Eifer des Gefechts überkam ihn dann doch die Auftrittsnervosität. Wie er seinem kunstbegierigen Publikum, bestehend aus fünf brasilianischen Zöllnern, plausibel gemacht hat, dass er Eigentümer dieses Musikinstrumentes ist, aber keine Ahnung hat, wo er das Mundstück hinmachen soll, und das Ständchen deshalb ausfallen muss – das ist uns allen heute noch ein Rätsel. Aber er ist Politikjournalist von Beruf, die haben ja Talent, ganz neue Wirklichkeiten zu schaffen.

Eine Tuba mit an Bord zu haben, hat mehrere Vorteile: Erstens hat man einen Nachbarn, der nicht sabbert, keine blöden Fragen stellt, keine überdimensionale Tageszeitung liest und nicht schnarcht, und zweitens hat man einen guten Grund, zwei Essen zu verlangen, Platz ist Platz. Für diese Zwecke ist es nicht verkehrt, dem Instrument einen Namen zu geben, meine Konzerttuba heißt zum Beispiel Fanny, das Helikon, das ich bei LaBrassBanda spielte, hört auf Hildegard. Und das klingt dann auch gleich besser: »Ich hätte gerne das Rindfleisch, und die Fanny nimmt die Pasta…«

Beim Verfassen dieses Kapitels flog ich gerade mit den Münchner Philharmonikern nach Japan, da war die Fanny im Cargo unterwegs. Ich hab's aber trotzdem auf zwei Essen gebracht, weil die knapp fünfzigjährige Flugbegleiterin wohl auf unrasierte, langhaarige blonde Kerle steht und ich beim Anblick des Shiitake-Omeletts, das die uns da als Mahlzeit andrehen wollten, wohl auch traurig genug geschaut habe. Unter größter Geheimhaltung hat sie mir noch Spaghetti Bolognese nachgebracht, die ich dann der Tarnung halber aber auch mit Stäbchen gegessen habe, sehr zum Nachteil der Bluse meiner Nachbarin Kasia.

Die Kasia ist eine Geigerin aus Polen, und sie hat die Sache mit der Bluse recht gut verkraftet. Alles in allem muss ich schon sagen, dass eine Tuba zwar ein wunderbarer Sitznachbar ist, aber so eine hübsche Polin mit lauter roten Bolognese-Sprenkeln auf der weißen Bluse – das ist freilich auch nicht schlecht.

Die völlig überflüssige Autobiographie eines 37-jährigen Tubisten

Meine Kindheit und Jugend

Winnetouba

Frühe Kindheit

Die Frage, warum ich mich ausgerechnet für die Tuba entschieden habe, könnte man auf meine frühe Kindheit zurückführen. Als ich drei Jahre alt war, fiel ich aus dem Stockbett unserer Ferienwohnung in Südtirol und war einige Zeit bewusstlos. Ich behielt trotzdem noch so viele Gehirnzellen, dass ich mich danach erfolgreich gegen eine Mitwirkung im familieninternen Blockflötenquartett wehrte. Ich war vier Jahre alt und fürchtete um meine Männlichkeit. Stattdessen beschäftigte ich mich hauptsächlich mit Daumenlutschen in Verbindung mit exzessivem Riechen an einer von mir heiß geliebten Stoffwindel, die ich Winne taufte.

Ansonsten verhalf mir diese frühkindliche Schädigung zu einer gewissen Wurschtigkeit. Diese ist in meiner Holledauer Heimat nicht gerade unverbreitet. Bei mir führte sie dazu, dass ich mich bereits im noch geschützten Alter von fünf Jahren zu Klavierstunden bereit erklärte, obwohl mir damals schon ganz unterbewusst die Sinnlosigkeit dieses Unterfangens klar war: unerhörter Aufwand, überlaufener Markt, schlechte Berufsaussichten.

Mich zog es eher zu den wahren Herausforderungen der Branche. Ich suchte nach einem Instrument, das intuitiv zu spielen ist, das seine natürliche Schönheit in unvergleichlicher Poesie auszudrücken vermag, in unmittelbarer Wirkung auf die Herzen der Menschen. Und ich fand es:

Es war die große Trommel.

Nun weiß man, wenn man einmal in einer Blaskapelle mitgewirkt hat, dass ein Achtjähriger nicht unmittelbar zur Bedienung dieses Geräts vorgesehen ist. Der Vorstand der Geisenfelder Stadtkapelle empfahl mir, mich im Schlagwerkregister peu à peu hochzudienen. Immerhin übersprang ich gleich zu Beginn die Triangel und durfte mich zumindest an der kleinen Trommel versuchen, wobei ich in meiner Familie eine große Ehr' aufhob, wenn ich mir verschiedene Feldschritte erarbeitete, selbstverständlich marschierend durch unseren Wohnbereich. Ich entwickelte durchaus einen gewissen Ehrgeiz, sah ich doch am Ende das große Ziel, und ich begriff bald, dass nicht unbedingt die Kunstfertigkeit an der kleinen Trommel mich diesem näherbringen würde, sondern vielmehr eine gewisse körperliche Entwicklung. So begann ich, horrende Mengen an Nahrung in mich aufzunehmen, um meine Beförderung zu erzwingen.

Zwei Jahre später kam dann der herbe Rückschlag: Der Dirigent der Blaskapelle fand heraus, dass sich so gut wie die Hälfte des Nachwuchses exakt das Gleiche gedacht hatte wie ich: Wir hatten Schlagzeuger zum Säue füttern. Der Stadtkapelle Geisenfeld drohte die Metamorphosis zu einer Art Fanfarenzug, wenn hier nicht mit starker Hand eingegriffen würde. Und so griff man ein, und man ergriff mich. Ich musste die Trommelstecken abgeben und fand mich kurzerhand hinter einem Tenorhorn wieder.

Das Tenorhorn ist ein Instrument, das Menschen erlernen, die nicht die Luft und die Kraft für die Tuba, aber auch nicht den Ehrgeiz und die Divenhaftigkeit für die Trompete haben. Jetzt würden Sie wahrscheinlich sagen, dann sollten sie halt eine Posaune nehmen, aber das machen diese Leute nicht, denn das Ziehen und Schieben des Zuges sieht nach viel zu viel Arbeit aus.

Im Volksmund heißt das Tenorhorn auch Campingtuba oder Campingklo (ein gediegenes Restaurant in Freiburg hat deren drei als Pissoirs installiert), und Engländer, in deren Land es dieses Instrument gar nicht gibt, sondern nur ein gerader gebautes Pendant namens Euphonium, nennen es auch mal gern Hitlerlure. Sie sehen, das Tenorhorn hat eine ausgezeichnete Reputation in der Welt der Blasmusik, wo es hauptsächlich für den Nachschlag und Schweineterzen (Fachbegriff für kitschig klingende Terzparallelen) im Trio zuständig ist. Im klassischen Symphonierchester kommt dieses Instrument gleich gar nicht vor, außer Gustav Mahler wollte wieder einmal besonders volkstümeln wie in seiner 7. Symphonie.

Mich erachtete man anscheinend als begabt genug für diese hehre Aufgabe, und ich lernte brav den Nachschlag und die Schweineterzen. Wenngleich nicht mehr mit dem Elan, mit dem ich einst mein großes Ziel der großen Trommel verfolgt hatte und das nun ein für alle Mal verloren war.

Wiederum zwei Jahre später, im Alter von zwölf Jahren (ich hatte mich schon wunderbar zwischen den Nachschlägen eingerichtet), schlug schließlich das Schicksal noch einmal zu, und zwar in seiner ganzen Unerbittlichkeit: Einer unserer beiden Tubisten heiratete. Er heiratete aber nicht innerhalb der Mauern unserer Stadt, sondern ins benachbarte (und verfeindete) Vohburg, wo er auch sogleich hinzog. Die Schande wurde dadurch komplettiert, dass er sich erdreistete, nicht nur den Wohnort zu wechseln, sondern auch die Blaskapelle! Falls Sie aus der Stadt kommen und weder mit ländlichen noch musikalischen Bräuchen vertraut sind: Dieser Vorgang ist absolut unerhört und kann in nicht seltenen Fällen die bilateralen Beziehungen zwischen zwei Gemeinden zum Erliegen bringen.

Auf jeden Fall aber war er weg, und zurück blieb nur sein armer Kollege an der Tuba mit dem Spitznamen Lare, der übrigens auch unser Busfahrer war. Und alle wussten: Wenn der Lare mal krank sein sollte, dann... ja dann... dann wäre die Stadtkapelle Geisenfeld nicht mehr spielfähig. Denn wie hatte der große ostdeutsche Komponist Hanns Eisler einst treffend formuliert: »Höre ich keinen Bass, scheiß ich auf die Melodie!«

Man machte sich also auf die Suche nach einem Nachfolger für den Abtrünnigen, und man stellte fest, dass sich in den eigenen Reihen großer individueller Widerstand regte. Ich aber, der ich mit meinen zarten zwölf Jahren am Tenorhorn nicht sehr oft mit zu den Auftritten durfte, ich witterte meine Chance.

»Wenn ich Tuba lerne, darf ich dann immer mitspielen?«, fragte ich den Dirigenten.

»Wannst Tuba lernst, mei Bua, nachad derfst immer mitspuin!«, sagte der Dirigent.

Und da hat er mal echt recht behalten.

Eine Weihnachtsgeschichte

Weihnachten ist ja bekanntlich das friedlichste und zugleich auch gefährlichste Ereignis überhaupt.

Auch in meiner Familie war das Weihnachtsfest ein Fest der Freude. Besonders lustig war es im Jahre 1986, als mir mein damals dreijähriger kleiner Bruder am Heiligabend einen eben erst bescherten Stahlkreisel so geschickt über den Kopf zog, dass ein Arzt in der Notaufnahme des Ingolstädter Klinikums seine Glühweinparty mit zwei Nachtschwestern kurz unterbrechen musste, um das Loch in meiner Schädeldecke zu flicken.

Mein Bruder war natürlich im Recht, denn er wollte auch mal mit dem Kreisel spielen, und ich gab ihn einfach nicht her. Dass einem Dreijährigen dann auch mal die verbalen Argumente ausgehen, ist unschwer nachzuvollziehen.

Es war übrigens sein Kreisel.

Überhaupt gingen meinen Geschwistern mir gegenüber oft die Argumente aus, und ich darf mit gewissem Stolz auf etliche Kriegsverletzungen zurückblicken, für die mir allerdings nie irgendwelche Orden verliehen wurden, sondern höchstens von Seiten meiner mitleidigen Mutter ein paar Extra-Marzipanwürschte aus dem Weihnachtskinderkaufladen, der immer neben dem Christbaum aufgebaut war, oder ein motivierender Kommentar meines Vaters, dass leichte Schläge auf den Hinterkopf das Denkvermögen erhöhen. Das ist natürlich Quatsch, jeder weiß, dass man dadurch blöder wird und sich irgendwann sogar zur Tuba überreden lässt.

Mittlerweile stelle ich mich schon geschickter an, wenn ich meinen Willen durchsetzen möchte. Zum Beispiel beim Geschenkeeinpacken. Jedes Jahr am 23. Dezember trifft sich ein Kreis von ehemaligen Sängerinnen des Ingolstädter Jugendkammerchores, dem ich glückliche vier Jahre angehörte, in einem Privathaushalt in der Neuburger Straße. In erster Linie, um dort gemeinsam diese lästige Angelegenheit zu erledigen, aber in allererster Linie um Unmengen von Glühwein, Weihnachtsbock und sogar alkoholische Getränke zu verzehren und dabei hässliche Lieder zu singen. Es werden die verschiedensten Geschenkpapiere und Stoffbänder verglichen, Knoten und Schleifen wissenschaftlich analysiert, und ich habe einen speziellen Trick entwickelt: Ich stelle mich bereits beim ersten Geschenk so saublöd an, dass mir kollektives Mitleid entgegenschlägt. Irgendeine nimmt dann schon das zu verpackende Teil, stöhnt mit aller Verachtung, die junge Damen der Männerwelt nicht nur in Sachen Handarbeit entgegenzubringen vermögen: »Schau, so macht ma des!«, und packt dann flankiert von sexistischen Bemerkungen der Anwesenden alle meine Geschenke ein.

Mir macht das aber nichts aus, denn der Glühwein hat mich schon in einen angenehmen Sitzschlaf befördert. Wenn ich auf dem Sofa aufwache, ist nur noch die Gastgeberin übrig und meine schön säuberlich verpackten Geschenke. Ich trinke noch einen Weihnachtsschnaps und gehe nach Hause, nicht gerade in guter Verfassung, aber immerhin unverletzt und verrichteter Dinge.

Weihnachtstraditionen sind schon was Schönes.

Üben

Ich habe eine Theorie: Musiker mit viel Talent üben nicht gerne. Davon bin ich total überzeugt, denn das würde einwandfrei beweisen, dass ich ein geradezu unermessliches musikalisches Talent besitze.

Mein Talent kann man an meinem Übeheft nachlesen, das meine Mutter mich ebenso wie meine drei Geschwister führen ließ. Vorgesehen waren unmenschliche Einheiten von 30 Minuten pro Tag und Instrument, und nachdem ich mit wahren Einträgen à la 3 oder 2,5 Minuten sehr schlechte Erfahrungen gemacht hatte, entschied ich mich notgedrungen und vor allem – das möchte ich betont wissen – für unfreiwillige Fälschung. Damit es nicht sofort auffiel, variierte ich die 30 auch mal in die Richtung der 25 oder 20 Minuten, aber bald schon kam das meinem pflichtbewussten älteren Bruder etwas spanisch vor. Er fing an nachzukontrollieren und meine Einträge zu ergänzen, hauptsächlich durch den Vermerk: gelogen. Und das Ärgerliche dabei: Unsere Mutter glaubte ihm das auch noch.

Also versuchte ich Instrumente zu lernen, bei denen jeder froh ist, wenn sie nicht geübt werden. Die bereits erwähnte kleine Trommel zum Beispiel. Plötzlich bestand niemand mehr auf meine 30 Minuten täglich, und ich begann das Instrument in mein Herz zu schließen. Aber wie Sie ja schon wissen, führten mich Gottes unergründliche Wege zur Tuba, und da schwanden die Vorteile. Denn wie ein jeder weiß, ist die Tuba das Instrument, das am allerwenigsten stört, und quasi das einzige Instrument, das einen, wenn es gespielt wird, trotzdem wunderbar einschlafen lässt. Meistens sogar den Spieler.

Ich hatte allerdings das Glück, dass Mutter und Bruder inzwischen nicht mehr dieselbe Energie zur Übekorrektur aufbrachten, und durfte mir so mein außergewöhnliches Talent durch meinen Musikschullehrer bestätigen lassen. Wörtlich sagte er zu meiner Mutter: »So eine faule Sau habe ich noch nie gesehen!«

Damit endete mein Unterricht und meine musikalische Karriere begann.

Mein älterer Bruder wurde übrigens zuerst Staatsanwalt und dann Richter.

Der Aprilscherz

Warum ich im Alter von 16 Jahren im Chor gelandet bin, kann ich noch ganz genau sagen. Es ging nämlich um den Freitagabend. Freitagabend war ein sehr beliebter Abend, und so kam es bei mir zu einer Terminkollision: Am Freitagabend trainierte die B-Jugend des FC Geisenfeld, und es probte auch die Geisenfelder Stadtkapelle, und ich war in beiden Vereinen drin.
    Was macht man jetzt da?

Ich entschied mich, die Entscheidung nicht selbst zu treffen, sondern brachte das Problem sowohl beim Trainer als auch beim Dirigenten vor. Beide nahmen das Dilemma sehr ernst. Der Trainer sagte schließlich, ich solle mich doch lieber auf die Musik konzentrieren. Und der Dirigent meinte, dass mir der Fußball doch sicher sehr viel mehr Spaß mache. Solchermaßen umworben entschied ich mich für den Jugendkammerchor Ingolstadt, der auch am Freitagabend probte.

Eine weise Entscheidung, wie sich herausstellen sollte. Denn nirgendwo ist das Männer/Frauen-Verhältnis so günstig wie in einem Chor. Und was besonders schön ist: Gerade weil sie sich des notorischen Männermangels so bewusst sind, behandeln die Chordamen ihre Tenöre und Bässe wie rohe Eier. Das entspricht zwar leider nicht der späteren Lebenswirklichkeit, hebt aber temporär doch sehr die Stimmung. Und da kann man schon mal übermütig werden, so wie ich bei folgendem Aprilscherz.

Unser Chorvorstand, ein Herr namens Schöngruber, hatte ein Konzert für uns vereinbart, und zwar in der berühmten Wallfahrtskirche in Dießen am Ammersee, einem der barocken Schmuckstücke Bayerns. Drei Wochen vor diesem Ereignis, nämlich am Nachmittag des 1. April, rief ich den Herrn Schöngruber an.

»Hier ist das Pfarramt Dießen«, nuschelte ich ins Telefon, »ich habe leider eine ganz schlechte Nachricht: Ihr geplantes Chorkonzert kann leider nicht stattfinden, da die Kirche schon etwas baufällig ist und abgerissen wird. Wir bauen dort eine Tiefgarage und einen Supermarkt. Ich hoffe, Sie haben dafür Verständnis.«

»Oh mein Gott«, stöhnte der Vorstand am anderen Ende der Leitung, »das ist ja wirklich sehr ärgerlich. Aber wir haben natürlich Verständnis.«

Damit hatte ich nicht gerechnet. Aber klein beigeben wollte ich natürlich vorerst auch nicht. Ich musste wohl noch einen draufsetzen.

»Wir haben aber eine Alternative.«, sagte ich, »wir haben gleich neben der Kirche einen Heustadel. Wenn der Chor etwas früher kommen könnte, könnten Sie mithelfen, das Heu rauszutragen und beim Dorfwirt ein paar Bierbänke zu holen.« Das würde sicher auch schön werden. Allerdings wäre dann vielleicht statt dem Requiem von Fauré ein anderes Programm besser geeignet. Ob er den Anton aus Tirol kenne, das hörten die Leute hier am Ammersee sehr gerne!

»Ich werde mir das durch den Kopf gehen lassen«, sagte der Herr vom Vorstand, und ich beeilte mich noch zu sagen, dass er sich für Rückfragen gerne bei mir melden solle, und gab ihm meine Geisenfelder Festnetznummer.

Ich hatte eine Stunde Zeit, meinen Triumph zu genießen, dann klingelte das Telefon, am anderen Ende der Vorstand: »Andreas, pass mal auf. Unser Konzert in Dießen fällt aus, unsere Dirigentin hat aber dafür ein Ersatzkonzert in Schrobenhausen am Morgen darauf. Kannst du da?« Nachdem ich den ersten Schreck verdaut hatte, fragte ich ganz vorsichtig: »Sag mal, warum fällt das Konzert denn aus?«

»Die Kirche wird abgerissen, sie bauen da eine Tiefgarage«, kam es ungeduldig, »ich hab jetzt keine Zeit, ich muss alle durchtelefonieren, also kannst du da?«

»Ja, klar!«, konnte ich gerade noch sagen, da war die Leitung schon tot.

Als ich mich am Abend schweren Herzens dazu entschloss, die Sache aufzulösen, war es schon zu spät. Der Ersatztermin war schon draußen, und in einer für mich nicht ganz so angenehmen Chorprobe wurde entschieden, notgedrungen beide Konzerte zu singen. Und wenn Sie jetzt glauben, das sei das Ende vom Lied, dann täuschen Sie sich:

Zwei Tage vor dem Termin wurde das Konzert in Dießen tatsächlich abgesagt.

Der Grund, diesmal vom echten Pfarramt übermittelt: Akute Einsturzgefahr des Kirchturms!

Unter dem Bundesadler – meine Zeit beim Militärmusikkorps

Tubisten sind Pazifisten. Das ist ganz automatisch so. Wer Tuba lernt, ist gemütlich. Der kennt keinen Ehrgeiz. Nur die, die sich ständig messen und streiten wollen, die gehen an die vorderste Front und lernen Geige, Trompete oder, wenn sie's ganz hart wollen, Es-Klarinette. Sozusagen schwerbewaffnet Aug' in Aug' mit dem Feind am Dirigentenpult.

Trotzdem gibt es auch bei der Bundeswehr in den Militärkapellen Tuben. Militärisch sinnvoll ist das nicht. Das wären eher 35 Es-Klarinetten und 20 Landsknechttrommeln. Da könnte man sich funktionierende Gewehre direkt sparen. Wahrscheinlich stehen aber alle Planstellen für Tuba im Versailler Vertrag, um sicherzugehen, dass sich so etwas wie das Dritte Reich nicht wiederholt.

Auf jeden Fall marschiert das friedfertigste aller Instrumente fleißig mit, und zwar getragen von Kameraden, die sowohl psychisch wie auch physisch nicht so recht in die Uniform passen wollen.

Eine solche zierte kurz nach dem Abitur auch mich, und zwar ganze zehn Monate, da ich mich in einem Moment geistiger Umnachtung für den Wehrdienst in einem Militärmusikkorps gemeldet hatte. Wenn Sie sich jetzt fragen, für was man Militärmusiker im Kriegsfall denn brauchen könnte: Wir sind im Ernstfall Totengräber.

Leider führt die Bundeswehr in ihrem Angebot keine Totengräber-Grundausbildung, und so steckte man mich wie alle anderen Musikanten erst einmal zu den Sanitätern. Und zwar nach Feldkirchen bei Straubing ins gemischte Lazarettregiment 12. Gemischt, weil bei uns auch Frauen zum Dienst an der Waffe zugelassen waren.

Ich kam gerade frisch vom Gymnasium, an dem ich mich die letzten vier Jahre vornehmlich als Anarchist betätigt und mir sowie meinem ganzen Abiturjahrgang ein quasi posthumes Schulverbot eingehandelt hatte.

Beim ersten Antreten der achten Kompanie wurde mir sogleich die Exekution meines Pferdeschwanzes mit- sowie als Gruppenführer der Obergefreite Rupprecht zugeteilt, ein mehrfach vorbestrafter Metzgerlehrling aus dem Badischen. Er klärte uns auch sogleich über all unsere Grundrechte auf, auf die wir für die Zeit des Wehrdienstes freiwillig verzichten würden, wie zum Beispiel Meinungsfreiheit, Unversehrtheit des Körpers und so weiter...

Und er wurde nicht müde zu betonen, dass er nichts

mehr hasse als diese verschissenen Abiturienten, die immer glaubten, sie hätten recht. Hier habe nicht der recht, der recht habe, sondern hier gelte die Pommes-Regel: Er habe zwei auf seiner Schulterklappe und wir keines. Fertig.

Zu seinem Unglück und meinem Glück wurde ich allerdings bereits am zweiten Tag zum Vertrauensmann der Kompanie gewählt. Der Vertrauensmann ist die einzige Person, die – in begründeten Einzelfällen von Amtsmissbrauch – zur Beschwerde direkt beim Kompaniechef vorstellig werden darf. Ich wollte dieses Recht nicht überstrapazieren und war deswegen jeden Tag nur durchschnittlich fünfmal im Büro von Kompaniechef Hauptmann Wagenpfeil, der ein für diesen Laden ungewöhnlich besonnener und reflektierter Mann war. Wir hatten auf jeden Fall viel Spaß miteinander.

Eines Tages wurde mir zum Beispiel von aufgebrachten, überwiegend aus dem Norddeutschen stammenden Kameraden eine Beschwerde aufgetragen. Unsere Regimentsküche kredenzte nämlich jeden Dienstag- und Donnerstagabend Leberkäse, was nicht ihren preußischen Ernährungsgewohnheiten entsprach. Ich ging also zu Hauptmann Wagenpfeil und trug ihm die Beschwerde vor. Er sah mich amüsiert aus seinen kleinen blauen Augen an und meldete die Sache brav der Küche. Fortan gab es jeden Abend Leberkäse.

Überhaupt war die Grundausbildung gar nicht so schlimm, man musste nur wissen, wie man sich anzustellen hatte. Für die weiblichen Kameradinnen war das denkbar einfach, es gab da eine Art inoffizielle Gebührenregelung: Wollte frau zum Beispiel beim Geländeausflug den schweren Rucksack nicht selbst tragen, sondern mit dem Begleitjeep transportiert wissen, so genügte eine private mündliche Vorstellung beim Gruppenführer. Für den vollständigen Beischlaf wurden sie sogar auf den Truppenübungsplatz gefahren.

Wir Männer hatten diese Möglichkeiten leider nicht. Es gab zwar eine Gruppenführerin, die Stabsunteroffizöse Mühlbacher. Aber da wären wir doch alle lieber an die russische Front gegangen.

In der Not fanden wir eine andere Lösung, den Gewaltmärschen zu entgehen: Zusammen mit allen anderen angehenden Totengräbern gründeten wir eine Regimentskapelle für regimentsinterne Anlässe wie zum Beispiel Offiziersbesäufnisse. Das war hochwillkommen, und wir hatten eine erfreuliche Auftragslage. Dummerweise mussten wir aus logistischen Gründen immer genau dann proben, wenn die achte Kompanie zum gegenseitigen Erschießen mit Platzpatronen zum Truppenübungsplatz marschierte.

Lustigerweise hatten wir mehrere Tubisten, aber keinen Schlagzeuger, und so spielte ich mal wieder die kleine Trommel. Als Dirigent hatten wir einen kurzgewachsenen und sehr wichtigen Sachsen namens Hürscher, der sich viele Freunde in der Kompanie gemacht hatte, als er am ersten Tag, an dem wir das Gewehr in die Hand gedrückt bekamen, den Obergefreiten Rupprecht angefleht hatte, ob er das Gewehr über Nacht mit ins Bett nehmen dürfe. Er durfte nicht. Und wir haben ihm zum Trost seinen Spind etwas gewürfelt. Beim Spindwürfeln dreht man den Schrank des Delinquenten kurz vor der Inspektion durch den Vorgesetzten zweimal vollständig im Ganzen um. Dieses landestypische Ritual entfachte in ihm wohl eine tiefe Zuneigung für die Gegend. Er ist mittlerweile engagierter Bürgermeister einer bekannten Gemeinde im Bayerischen Wald.

Nach einer den Umständen entsprechend unaufwändigen Grundausbildung wurde ich dann in die traurige Wirklichkeit der Militärmusik verlegt, und zwar ins Heeresmusikkorps 4 in Regensburg, das die Besatzung der Nibelungenkaserne in einem Anflug von Musikalität schon vor Jahrzehnten ausgelagert hatte, und zwar auf den idyllischen und weit entfernten Dreifaltigkeitsberg vis-à-vis des städtischen Krematoriums. Der inoffizielle Titel des Ensembles lautete deshalb auch »Krematoriumskapelle«.

Leider gab es dort keinen Hauptmann Wagenpfeil, sondern neben einem senilen Musikzugführer mit Hitlerbild auf dem Schreibtisch nur einen durchgeknallten Chef, den Major Karl. Karl liebte das Militär, und er liebte die Show. Letztere am allermeisten. So kamen wir in den Genuss musikalisch äußerst wertvollen Repertoires, allem voran eines sensationellen Arrangements von Macarena für vier tanzende Tubisten. Gegen diese Darbietung wirkte die Bühnenshow von LaBrassBanda wie Seniorenyoga, und wir rissen mit unserem Hüftschwung die Oberpfälzer Witwen regelmäßig zu Begeisterungsstürmen hin.

Höhepunkt unseres Konzertprogramms sollte aber ein anderes großartiges Werk werden, und zwar die »Mondscheinsonate« von Ludwig van Beethoven. Und die nicht etwa im langweiligen Original mit Klaviersolo, sondern in einer Bearbeitung für gläsernen Konzertflügel mit Blasorchesterbegleitung, wobei der gläserne Flügel von innen abwechselnd rot und blau beleuchtet werden sollte, um dem drögen Werk etwas Pep zu verleihen.

Nun hatten wir in der Krematoriumskapelle neben einem Wehrpflichtigen-Streichquartett auch einen wehrpflichtigen Pianisten, und zwar den Sohn eines Landwirts nahe der tschechischen Grenze, namens Obergefreiter Weltner. Im Gegensatz zu seinem wunderbaren und hochsensiblen Klavierspiel sprach er einen sehr undeutlichen und eigentümlich groben Dialekt. Überhaupt war seine ganze Art erfrischend ungehobelt und ehrlich.

Als ihm der Major Karl vor versammelter Mannschaft die großartige Idee eröffnete, die »Mondscheinsonate« nicht wie im Original in cis-moll, sondern dem Orchester zuliebe einfach in c-moll zu spielen, und dass der Obergefreite Weltner beim Vortrag doch bitte eine dieser knuffigen Beethoven-Perücken tragen solle, kam es zu einem legendären und für seine Verhältnisse umfangreichen Vortrag unseres Kameraden, der ihn fürderhin von allen weiteren pianistischen Tätigkeiten beim Heer entbinden sollte.

Er richtete mühsam seinen von der Feldarbeit gebeugten Rücken auf und sprach bedächtig: »Herr Karl, schiabns Eana Eana Perückn in den Orsch!«

Den Klavierpart übernahm dann ein Oberfeldwebel, der als Kind schon mal Klavierunterricht gehabt hatte. Der war aber mit ziemlichen Wurschtfingern gesegnet und spielte deshalb lieber auf den schwarzen Tasten. So einigte man sich – auch aus Kostengründen – auf ein ordinäres Keyboard statt des gläsernen Flügels, und der Oberfeldwebel blieb beim cis-moll, das er mithilfe eines Transposerhebels bei jedem Konzert aufs Neue um einen Halbton auf das Orchesterniveau erniedrigte. Das funktionierte immer wunderbar, bis auf das wichtigste Konzert des Jahres, das in der Rudi-Sedlmayer-Halle in München stattfand. Dort vergaß der brave Oberfeldwebel den Transposer, und die romantische »Mondscheinsonate« erklang wie ein Solokonzert für Zitronenpresse und Blasorchester. Ich habe noch nie in einem Konzert so gelacht.

Mehr oder minder aufwändige Studien

Berlin

Ich habe meine Kindheit und Jugend in der Holledau verbracht. Kennen Sie die Holledau? Ja, ich weiß: das letzte Mal Bieseln vor München. Aber die Holledau ist auch für etwas anderes bekannt.

Genau, für den Hopfen.

Und der Hopfen in der Holledau, der ist eine sogenannte Monokultur. Wenn Sie jetzt in der Schule Altgriechisch gehabt hätten, dann wüssten Sie: »Monokultur« heißt wörtlich übersetzt »einzige Kultur«. Und das kann man in der Holledau durchaus wörtlich nehmen. Ich bin also völlig unvorbelastet in mein Studium der klassischen Musik gegangen. Und zwar nach Berlin.

Von Geisenfeld nach Berlin, das ist schon ein gewisser Unterschied, wie Sie sich vorstellen können. Da hat man schon Angst, ob es dort auch alles Wichtige zum Leben gibt.

Aber so schlimm war es gar nicht: Geisenfeld hat zum Beispiel eine sehr gute Eisdiele. Geisenfeld hat einen exzellenten Chinesen. Und Geisenfeld hat ein Storchennest auf dem Schornstein der stillgelegten Brauerei. Hat Berlin auch alles.

Geisenfeld hat einen Fußballverein, eine Blaskapelle, eine freiwillige Feuerwehr und einen Krieger- und Veteranenverein. Davon hat Berlin gleich Dutzende.

Geisenfeld hat einen Wasserturm, Berlin deren neunzehn.

Alles gleich, nur ein bisserl größer halt. Ideal als erste Studienstation, würde ich sagen.

Nur die Leute, die sprechen schon etwas anders. Aber das tun sie ja ehrlicherweise in Rottenegg auch schon, und das ist nur einen Kilometer weg.

Ömer

Meine Anfangszeit im Musikstudium in Berlin war eher von Vorsicht geprägt, denn als Holledauer Landbursche konnte ich mit den Reizen der Großstadt erst mal nicht so richtig etwas anfangen. Also beschränkte ich mich auf die Reize meiner Wohnung im Prenzlauer Berg und der im selben Haus ansässigen Dönerbude. Diese schien einem ominösen Patron zu gehören, dessen Name nur vorsichtig geraunt wurde: Mustafa…
Aber geführt wurde die Bude vom Ömer.

Ömer war ein junger Türke, der etwas schüchtern, doch sehr gewissenhaft und fleißig war und so alle Herzen seiner Kundschaft im Sturm eroberte. Dementsprechend viele Stammgäste fanden sich dort jeden Abend ein. Bei Ömer leistete ich mir dreimal die Woche den Luxus, eine Pizza zu essen, die damals fünf Mark kostete und selbstverständlich die beste der Stadt war, auch wenn der Sebastian Weber und die Uschi das nie haben einsehen wollen.

Beim Pizzaessen unterhielt ich mich mit Jürgen, dem Einbrecher, der auch in meinem Haus wohnte. Jürgen, der Einbrecher, war ein kleiner, unscheinbarer und eher wortkarger Zeitgenosse, aber das ist wahrscheinlich bei Einbrechern berufsbedingt und von Vorteil. Jürgen sprach nicht so gerne über die Arbeit, lieber über Fußball und Politik, und gegen elf Uhr abends musste er immer los, sonst schaffte er nichts mehr. Dafür war er immer schon früh da. Von ihm erfuhr ich auch vom noblen Ehrenkodex der Einbrecherszunft, nämlich dass es das eigene Wohnhaus immer zu schonen gilt. Er würde niemals bei einem von uns einbrechen, versicherte Jürgen.

Dass es dann aber dennoch dazu kam, hatte ich meiner Schusseligkeit zu verdanken: Eines Tages sperrte ich mich selber aus, und Max, mein Mitbewohner war, gerade verreist. Ich ging also zu Ömer, um dort die Nummer für den Schlüsseldienst rauszufinden, da bot mir Jürgen kurzerhand seine Dienste an. Ich wartete schon oben im dritten Stock, als er mit seinem großen Werkzeugkoffer ankam. Anerkennend musste er feststellen, dass er meine Wohnung nicht einfach mit Kreditkarte oder Dietrich knacken konnte, denn meine Tür besaß offenbar ein besonders kompliziertes und robustes Schloss. Aber dafür habe er ja seine Brechstange, meinte Jürgen. Es werde halt ein bisserl was vom Türstock mitgehen, aber das sei doch halb so schlimm und auch billiger als diese unverschämten Schlüsseldienste. Nämlich nur ein Bier bei Ömer im Anschluss.

Während er behutsam meinen halben Türstock wegbrach, schimpften wir beide einmütig über die Ehrlosigkeit dieser Schlüsseldienst-Banditen, und ich dachte mir: Ein Segen, wenn man einen Einbrecher im Haus hat.

Max

Ich wohnte nicht alleine in meiner Wohnung am Prenzlauer Berg, sondern mit Max. Max war ein Klassenkamerad aus Ingolstadt, immer schon sehr belesen und fast schon vergeistigt. Jedenfalls so vergeistigt, dass ihn viel Irdisches einfach nicht interessierte. Was ihn zum Beispiel überhaupt nicht interessierte, war unser Anrufbeantworter. Ich weiß nicht, ob Sie sich noch an diese Zeit erinnern können, aber damals hatte noch niemand einen dieser tragbaren Funkfernsprecher, und ich als vehementer Gegner moderner Technik schon gleich gar nicht.

Auf ein gewisses Maß an Technik war man als Musiker allerdings auch damals schon angewiesen, und dieses Maß war ziemlich genau unser Anrufbeantworter. Man

musste ja erreichbar sein, um an sogenannte Muggen zu kommen.

»Mugge« ist die romantische Abkürzung für »musikalisches Gelegenheitsgeschäft«. Muggen kriegte man meistens kurzfristig, weil man in letzter Minute in irgendeinem Orchester für irgendjemanden einspringen musste.

Zu diesem Zweck hatten wir in unserer WG also einen Anrufbeantworter, der sich anschlussbedingt in Max' Zimmer befand.

Blöderweise aber gab es für den AB und den Internetstecker nur eine Buchse, das hieß, wenn man ins Internet gehen wollte, musste man den AB ausstecken; und wenn man das Haus verließ, den AB wieder einstecken. Eigentlich ein ganz einfacher Prozess. Für letzteren der beiden Vorgänge hatte mein Freund Max aber keinen Sinn, er schwebte beim Verlassen der Wohnung für gewöhnlich schon in gewissen Sphären, die ihm das Studium der Polonistik eröffnete. Jedenfalls vergaß er regelmäßig das Umstecken, und ich versuchte verzweifelt, ihn davon zu überzeugen, wie wichtig dieses Umstecken für einen aufstrebenden Musiker wie mich war. Wir führten unzählige Dialoge, alle nach dem gleichen Muster, ungefähr so:

Max (fröhlich): »Hallo Hofi, geht's dir gut?«
Ich (nicht so fröhlich): »Hallo Max, geht so.«

Max (besorgt): »Was ist denn los?«
Ich (unwirsch): »Du hast mal wieder das Umstecken vergessen.«
Max (wieder fröhlich): »Ach so.«
Ich: »Deswegen hab ich heut eine Mugge verpasst...«
Max: »Ich habe heute einen sehr interessanten Vortrag über agrarökonomische Motive in der oberschlesischen Literatur zwischen 1814 und 1826 gehört.«
Ich: »Max, ich habe heute eine Mugge verpasst, weil der AB nicht an war.«
Max: »Verpassen ist die Kunst der Boheme!«
Ich: »Deshalb hatte die Boheme ja auch kein Geld.«
Max: »Geld verdirbt eh den Charakter. Der schnöde Mammon bremst den Geist und die Fantasie!«
Ich: »Ich hätte die 150 Mark aber echt gut brauchen können.«
Max: »Für was denn? Glück kann man nicht kaufen! Dich fesseln die fürchterlichen Zwänge des Kapitalismus, du bist ein Gefangener niederer Triebe, der Gier, ein Diener Amerikas!«
Ich: »Ach so.«
Max: »Aber das macht nichts, du bist ein Mensch mit Fehlern wie wir alle, ich mag dich trotzdem. Und ich schalte das nächste Mal den AB ein, versprochen.«
Ich: »Danke, Max.«

Max war zufrieden, und während ich auf der Toilette war, belohnte er sich für seine weisen Worte mit den Fischstäbchen, die ich mir gebraten hatte. Es war Sonntagabend und der Supermarkt zu. Also doch eine Pizza bei Ömer. Wäre doch schön, wenn man jetzt etwas Geld hätte.

Uschi

Die Uschi lernte ich über Sebastian Weber kennen. Ich hatte Sebastian Weber zu einem feudalen Mahl eingeladen, Spaghetti mit Tomatensauce, und er brachte Uschi einfach mit. Uschi war dunkelhaarig, fast zwei Meter groß, ziemlich schlaksig und hatte mitunter Schwierigkeiten, ihre Gliedmaßen einigermaßen sinnvoll zu koordinieren. In Wuppertal war Uschi einst auf den Namen Matthias Frohn getauft worden.

Uschi studierte Klavier, weil mal jemand gesungen hatte, dass man Klavier spielen können müsse, um bei den Frauen ein Leiberl zu haben. Und Frauen, das war Uschis Problem, er wusste nämlich nicht, wie er's anstellen sollte.

Ich habe mich in Uschi verliebt, als er um drei Uhr morgens beschloss, in Ermangelung eines Transportmittels

zu Fuß vom Prenzlberg in seine Wohnung in Tegel zu laufen, das sind so gut 20 Kilometer. Damals gab es noch kein GPS oder irgend so was, aber Uschi sagte, sie gehe einfach den Lichtern vom Flughafen nach, dann fände sie schon heim. Das hat mich wirklich beeindruckt.

Und ich beschloss, Uschi mit seinem Frauenproblem zu helfen. Doch dazu musste man erst mal welche in seine Wohnung kriegen.

Wir entwickelten einen Plan: Ich erfand eine Karteileiche mit dem Namen Franz, der im 29. Semester Maultrommel studierte und den ich auf jede Kursanwesenheitsliste schrieb, die ich finden konnte. Franz war sehr beliebt, da ja schon so lange am Haus, und er war bekannt dafür, dass er regelmäßig am schwarzen Brett Klassenabende ankündigte, immer mit dem gleichen Programm: Er interpretierte das berühmte (und natürlich auch fiktive) Probespielkonzert von »Jägermeier«. Leider mussten diese Konzerte immer kurzfristig abgesagt werden, wegen Krankheit oder Raumproblemen, aber das steigerte ja nur die Neugier auf dieses sagenumwobene und bislang unerhörte »Jägermeier-Maultrommelkonzert« und seinen tapferen Interpreten.

Als ich es an der Zeit sah, luden Uschi und ich mit Handzetteln die halbe Hochschule zur großen Geburtstagsfeier, darunter natürlich auch Frauen, auffällig viele Frauen sogar. »Unser Franz wird 30«, stand da drauf, »der allseits beliebte Maultrommelstudent im 29. Semester möchte mit euch feiern, und zwar in Berlin-Tegel, blablabla, klingeln bei Matthias Frohn. Geschenke sehr erwünscht.«

Am Festabend wimmelte es dann in Uschis Wohnung von neugierigen Damen, viele von ihnen Asiatinnen, die ihre selbst gemachten Sushi-Röllchen nicht aus der Hand gaben und mit großen Augen immerzu fragten: »Wo ist Flanz?« Wir deuteten dann immer auf einen erhöhten Stuhl, auf dem ein kleines Namensschildchen stand, und sagten, er komme sicher gleich. Aber leider kam er mal wieder nicht, und so zogen die Damen nach und nach von dannen, bis nur noch drei Personen übrig waren: Uschi, ich und eine hübsche Bratscherin, pfeilgrad: eine Frau. Die Bratscherin aber wohnte dummerweise ganz bei mir in der Nähe am Prenzlauer Berg, und ich wusste: Wenn ich jetzt heimgehen würde, käme sie wegtechnisch garantiert mit. Also half nur eins: Ich legte mich aufs Wohnzimmersofa und stellte mich schlafend.

Und so durfte ich mitansehen oder, weil ich ja ein anständiger Tubist bin, zumindest mitanhören, wie Uschi nach zähem Ringen endlich entjungfert wurde. Und das alles, während ich hellwach auf dem Sofa lag und mir mein rechtes Bein einschlief. Aber unser Plan mit dem Franz, der war aufgegangen.

Sebastian Weber

Das Tubazimmer mit der Nummer 315 an der Hanns-Eisler-Hochschule im ehemaligen Ostberlin befand sich ganz am Ende eines langen Gangs im zweiten Stock. Alle Zimmer auf diesem Stockwerk zeichneten sich nicht nur durch eine wunderbare Hässlichkeit aus, sie trugen auch mit gewissem Stolz die Spuren von etlichen Generationen von Blechbläserstudenten. Und damit meine ich nicht nur die aufgeschwemmten Böden vom Wasserrauslassen.

Fest eingerichtet hatte sich im Nebenzimmer Sebastian Weber, ein Posaunist, der Tolstoi las, aber gerne auch mal ansatzlos das Wort »ficken« auf die Hochschulwände schmierte. Er besaß als Einziger von irgendwoher die Schlüssel für zwei alte Schränke im Raum 314, welcher der Posaunenklasse zugeteilt war. Diese dienten ihm als Lager für zwei vollständige und wertvolle Literatursammlungen, und zwar Bravo und Playboy. Sebastian Weber behauptete, dass vollkommenes Üben überhaupt nur während der abwechselnden Lektüre dieser beiden Schriften möglich sei; die besten Ergebnisse erziele er bei der Bravo-Doppelseite mit den Selbstauslöser-Nacktaufnahmen.

Wenn Ihnen das jetzt ein bisschen affig vorkommt, dann darf ich Sie daran erinnern, dass so gut wie alle bedeutenden Maler genau dann zu Hochform aufliefen, wenn vor ihnen ein unbekleidetes Mädchen stand, lag oder sich sonst irgendwie hindrapierte, quasi als Inspiration für den Künstlergeist. Warum sollen da ausgerechnet die Musiker zurückstecken und ihre Inspiration einzig und allein in irgendwelchen Batzen zwischen schwarzen Linien suchen? Das ist doch absurd.

Sebastian Weber spielte aber nicht nur Posaune, sondern auch ein sehr feines Klavier, konnte improvisieren und dabei noch allerhand sinnbefreites Zeug reden, ein kleines Genie also. Aber vor allem konnte er: jammern.

Also kein Jammern, wie wir es kennen, auch kein wirkliches Beschweren, kein Sudern, wie man in Österreich sagen würde, nein, es war eine Art kokettierendes Resignieren. Das Prozedere war wie folgt: Man hörte vier, fünf Minuten Posaunengedudel, am Ende ein paar – vielleicht sogar absichtlich – vergurkte Töne, dann hörte man die Tür von 314, kurz darauf meine von 315, und Sebastian schaute mich traurig-fröhlich an und sagte: »Heut jeht nüscht. Aber jar nüscht.«

Oder: »Ick bin soooo breit, det gloobste jar nich.« Oder: »Ick kann überhaupt nüscht. Aber det is ja nüscht Neues.« Und dabei grinste er, und ich glaubte sogar, jedes Mal einen kleinen Endorphin-Ausstoß erkennen zu können.

Um es gleich vorwegzunehmen: Sebastian Weber wurde kein Star, obwohl er eigentlich einer war, einer der großartigsten Musiker, die ich kenne. Aber, und das hat er selber intuitiv gespürt: Wenn er einer geworden wäre, hätte er nicht mehr so jammern können, und DAS wäre für ihn eine Katastrophe gewesen.

Für Probespiele bei Toporchestern bewarb er sich nie, er fand sich stets zu schlecht, aber irgendwie kam er mal zu einer Aushilfe ins Deutsche Symphonieorchester. Am Dirigentenpult stand Kent Nagano, an der zweiten Posaune Sebastian Weber, irgendetwas Schlimmes musste passieren.

Und das ging so:

In der ersten Konzerthälfte wurde ihm plötzlich richtig schlecht, er würde sagen: »Tierisch, tierisch schlecht!«, und ein irrer Druck für ein zu erledigendes Geschäft baute sich in ihm auf, und das war nicht das Geschäft, für das er auf der Bühne saß. Die letzten fünf Minuten spielte er keinen Ton mehr, er machte schon den Hosenlatz unter dem Kummerbund auf, und als schließlich Pause war, richtete er sich dauerhaft auf der Künstlertoilette ein, aber es wurde einfach nicht besser... Sobald er von der Schüssel aufstand, überkam ihn wieder dieser fürchterliche Druck!

Da es noch eine lange Bruckner-Messe zu spielen galt, ging der Soloposaunist zum Orchestervorstand, und der wiederum ging zu Nagano, um ihm mitzuteilen, dass die Aushilfe an der zweiten Posaune permanent am Kacken sei und wie man weiter vorgehen solle. Nagano dachte für einen Moment nach und verfügte dann, dass Sebastian doch probieren solle, einigermaßen durchzuhalten. Falls er sich abermals entleeren müsse, solle er dafür eine der zahlreichen Satzpausen nutzen, er würde dann mit dem Orchester auf seine Wiederkehr warten. Das sagte der Orchestervorstand dem Soloposaunisten und der Soloposaunist dem armen Weber, was zur Folge hatte, dass der bibbernd auf der Bühne saß und sich ganz hässliche Szenen in seinem Kopf abspielten. Halb in Trance stellte er sich vor, wie er nach dem Kyrie von der Bühne rannte und ein 80-Mann-Orchester plus 60-Mann-Chor plus 2500 Zuhörer in der Berliner Philharmonie ungeduldig auf seine Rückkehr warteten, während er sich nicht mehr auf die Bühne traute, weil noch zehn Meter Klopapier aus seinem Hintern hingen, und er nahm sich fest vor, im Falle des Falles einfach nach Hause zu gehen, ganz egal, wie lange die versammelte Philharmonie auf seine Rückkehr warten würde.

In diesem Moment beschloss er, niemals Posaunist in einem Symphonieorchester zu werden.

Pförtnerkunde

Neulich kam wieder die Forbes-Liste der mächtigsten Menschen dieser Welt heraus. Viele alte Bekannte waren da drauf, Barack Obama, Merkel, Putin, ein paar Ölmultis, und man gewinnt den Eindruck, man müsse entweder Führer eines Landes oder aber unfassbar reich sein, um Einfluss zu haben.

Wer aber seltsamerweise fehlt auf dieser Liste, ist eine der mächtigsten Zünfte des Erdballs. Es sind die wahren Herrscher über Sein oder Nichtsein, Haben oder Wollen, Erfolg oder Scheitern. Es sind die Menschen an den Schaltstellen der Entscheidungen, an den Schlüsselstellen der Macht. Die Pförtner.

Sie entscheiden über die wirklich wichtigen Dinge, zum Beispiel darüber, wer an den Musikhochschulen einen Raum zum Üben bekommt und somit Karriere macht oder nicht. Sie bestimmen an den Theatern und Opernhäusern, wer proben darf und wer nicht, und damit, welche Bühnenproduktion erfolgreich wird und welche nicht.

Ich habe mittlerweile eine ganze Reihe dieser heimlichen Potentaten kennenlernen dürfen, und ich muss sagen, ich komme stets wunderbar mit ihnen aus. Denn die erste Regel in jedwedem Laden ist ganz einfach: Stell dich gut mit dem Pförtner und mit dem Koch. Dann hat man ein Dach über dem Kopf und was zu essen.

Die zweite Regel, zumindest für Männer an Opernhäusern, ist übrigens: Niemals mit einer Sängerin. Die dritte Regel: Niemals mit einer Sängerin. Und die vierte Regel: Niemals mit einer Sängerin. Aber das nur am Rande.

Wir hatten an der Hanns-Eisler-Hochschule im Gebäude Wilhelmstraße eine Pförtnerloge, die sich direkt gegenüber des Kaffeeautomaten mit einer zugehörigen und nennen wir es mal zweckmäßigen Sitzgruppe befand, auf der wir, also Uschi, Sebastian Weber und ich, uns sehr oft aufhielten. Dabei konnten wir die Pförtner immer ganz genau beobachten und fertigten aufwändige Studien über diese Spezies an.

In der Wilhelmstraße gab es fünf Pförtner:

Da war zum einen der alte Stasi-Pförtner, der immer einen beigen Pullover trug und alles genauestens beäugte. Er hatte sich bei uns unsterblich gemacht, als er den griechischen Dirigierstudenten Apostolus, der mal eine kurze Liaison mit einer französischen Cellistin namens Zoé hatte und nach längerer Zeit wieder ohne sie auftauchte, ganz unschuldig und in breitestem Sächsisch fragte: »Na, Apostolus? Biste noch zusammen mit dieser Zoe? Hm? Bisschen bumsen?«

Dann gab es den »richtigen« Stasi-Pförtner, der stets

mit einer DDR-Trainingsjacke kam und über alles Buch führte, selbst über das, was wir aus dem Automaten konsumierten.

Dann gab es die dicke Pförtnerin, die uns permanent mit Geschichten aus ihrer Platte in Marzahn unterhielt. Das waren in der Regel Schimpftiraden auf ihren Mann, aber auch Lobeshymnen auf ihre Tochter, die sie so gerne mit irgendeinem Musikstudenten verkuppelt hätte, vorzugsweise mit Uschi. Deshalb bekam Uschi von ihr immer die besten Räume, außer sie brachte ihre Tochter mit. Dann ließ sie ihn vor dem Automaten warten und setzte ihre Tochter daneben.

Weiters gab es noch den Stinkepförtner, den man schon riechen konnte, wenn er in den Hof einbog. Er trug immer zwei ALDI-Taschen, in denen er geheimnisvolles Zeug mit sich führte. So zum Beispiel einen kleinen tragbaren Fernseher, mit dem er sich quasi ununterbrochen beschäftigte, wenn ihn nicht gerade ein Student störte, weil er ein Zimmer wollte. Die Schlüsselausleihe versuchte jeder aber sowieso so kurz wie möglich zu halten, damit man es noch in einer Zeit schaffte, in der man die Luft anhalten konnte… Und das, obwohl der Stinkepförtner so außerordentlich nett und freundlich war, dass man es kaum glauben konnte. Einmal empfing er zwei Akkordeonstudentinnen, von denen die eine zwei Zentner wog und die andere unter ganz entsetzlicher

Akne litt, mit den ehrlich gemeinten Worten: »Na, ihr beeden Hübschen?«

Deshalb hab ich ihn auch mal als Überraschungsgast auf meine Geburtstagsparty eingeladen. Er hat sich so gefreut, dass ich die paar geruchsempfindlichen Geigerinnen, die dann nach Hause gingen, gut verschmerzen konnte.

Und zu guter Letzt gab es noch den »Pinguin-Pförtner«, der aussah wie aus dem Batman-Film, so ein ganz Dicker mit einer riesigen und unförmigen Brille. Ihm reichte es bald nicht mehr aus, Herr über die Räumlichkeiten zu sein. Ab und zu riefen nämlich Leute in der Hochschule an, um Musiker für Geburtstage, Hochzeiten und sonstige Trauerfälle zu buchen. Und das Telefon stand in der Pförtnerloge.

Anfangs verteilte der Pinguin die Auftritte noch nach Gutdünken. Allmählich nahm er dafür jedoch kleine Provisionen, zuerst wenig, dann immer mehr, und er begann das Geschäft seines Lebens zu wittern. Einen guten Verbündeten hatte er dabei in einem gewitzten Kerl namens von Zitzewitz, der auch immer am Kaffeeautomaten rumlungerte, obwohl er gar nicht studierte. Er verkündete stets bescheiden, dass er doch sein Instrument, das Klavier, schon beherrsche, er müsse es nicht lernen.

Mit dem Charme eines Heiratsschwindlers wickelte er den Pinguin um den Finger und gründete für all die zugeschanzten Muggen eine Formation, die er als geeignet für alle Anlässe von Taufe bis Beerdigung definierte und der er den klingenden Namen »Zitze's geile Band« gab. Auch für die am Kaffeeautomaten rekrutierten Mitspieler hatte er interessante Namen parat, wie zum Beispiel »Bausparer-Ralf«, »Zonen-Geiger«, »Busen-Lilly« und »Porno-Jan«. Er hauste im Gebäude einer schlagenden Studentenverbindung, welches er liebevoll »Nazi-Haus« nannte und seine Mitbewohner »die kleinen braunen Spinner«. Es war dann wohl auch eher sein kreatives Mundwerk als seine Fingerfertigkeit am Klavier, die ihm Jahre später zum Durchbruch verhalf. Jedenfalls wurde er schlussendlich Hauptdarsteller einer Qualitätsfernsehsendung mit dem Titel »Baron sucht Frau«.

Sein Partner, der Pinguin-Pförtner, hatte weniger Glück: Berauscht von seiner Vermittlungstätigkeit kündigte er bei der Hochschule, um privat eine Künstleragentur zu gründen. Was er allerdings nicht bedacht hatte: Das Telefon mit der Nummer der Musikhochschule verblieb in der Wilhelmstraße… und er ging sofort pleite. Wäre er doch mal an der Schlüsselstelle der Macht geblieben.

Morgenstund

Es ist halb fünf Uhr früh, und die Vögel brüllen so laut, dass ich es durch zwei Wachs-Ohropax hören kann. Ich gebe zu, das ist nicht meine Zeit. Ich habe auch keine Ahnung, warum ich schon wach bin. Eigentlich habe ich doch alles richtig gemacht: Ich habe spät noch richtig schwer gegessen, schön was getrunken und bin dann ganz spät erst ins Bett gegangen, obwohl ich schon sehr müde war. Ein Abend wie aus dem Bilderbuch also.

Jetzt ist es aber kurz vor fünf und ich bin wach. Und wieder einmal muss ich feststellen: Morgenstund hat Mundgeruch. Ganz ehrlich.

Ich will nicht nur für uns Musiker sprechen, aber gerade für uns im Speziellen ist der Morgen etwas, das es zu meiden gilt. Blöderweise ist aber immer Morgen, auch wenn man erst um elf Uhr aufwacht, es ist und bleibt ein Morgen, elf Uhr morgens nämlich, und man kann mit Fug und Recht behaupten, wer im Morgen lebt, der verpasst das Jetzt, und das Jetzt ist natürlich im Bett, vor allem morgens.

Wenn man nämlich vorhat aufzustehen, dann ist das ja quasi schon ein »danach«, also etwas in vager Zukunft.

Etwas, das wir nicht genau kennen und dessen Folgen unabsehbar sind, fast schon etwas Religiöses. Da bleibe ich doch lieber noch im Bett, da weiß man schließlich, woran man ist.

Schon im Studium war klar: Wer vor 14 Uhr in der Uni aufkreuzt, trifft erstens die ganzen verrückten Geiger und Pianisten, die sich gegenseitig mit ihrem Wettüben ganz kirre machen, und außerdem muss man in unserer Kantine mittagessen gehen, und das ist noch schlimmer. Unsere Kantine an der Hanns Eisler war berühmt für Speisen, deren Zutaten unter Verlust ihrer Erkennbarkeit zu einem großen Ganzen geformt wurden. Quasi eine Vorstufe der Globalisierung. Ich denke, die Hochschule wollte uns abhärten, auf dass wir später die Theaterkantinen der Welt als Gourmettempel feierten.

Es gab allerdings auch Anlässe, die sogar Sebastian Weber, Uschi und mich frühmorgens in die Wilhelmstraße zogen. Einer davon war die Aufnahmeprüfung für Gesang.

Frühmorgens um sieben saßen wir auf den Stufen zum Eingang und sahen mit Vergnügen zu, wie hysterisch gackernde 17-Jährige in üppigen Abendkleidern auf gefährlich hohen Absätzen ihrem großen Auftritt entgegentorkelten, umringt von aufgeregten Müttern und schnaufenden Omas, nervösen Vätern mit Filmkameras und Fleurop-Boten mit einschlägiger Ladung.

Ganz betäubt von den aphrodisierenden Dämpfen, die an uns vorüberzogen, befiel uns dann einmal der Übermut: Ich beschloss kurzerhand, auch zur Aufnahmeprüfung anzutreten, und zwar mit dem schönen Kunstlied »Der Mond« von Hugo Wolf, das – wie Uschi versicherte – niemand so furchteinflößend vortragen konnte wie ich. Also gingen wir ins Anmeldebüro, ich zeigte auf den erstbesten Namen auf der Liste, der noch nicht abgehakt war, und behauptete, der sei ich und Uschi mein Klavierbegleiter.

So kam es, dass ich die versammelten Gesangsprofessoren mit meiner goldenen Kehle verzaubern durfte, während Uschi dazu am Klavier in professioneller Verzückung stöhnte. Leider aber nur zehn Takte lang, denn dann erkannte mich einer der Juroren, und draußen vor der Tür gab es zu diesem Zeitpunkt bereits einen kleinen Tumult, da dort jemand behauptete, er sei ich…

Deshalb, und nur deshalb, bin ich bei der Tuba geblieben. Wenigstens muss ich da nie früh aufstehen…

Rekorde

Mit Sebastian, Uschi und mir erlebte die Musikhochschule »Hanns Eisler« zweifellos ihre Blütezeit. Wir waren nicht nur die besten (und auch so gut wie einzigen) Abnehmer des DDR-Getränkeautomaten, der neben so etwas Ähnlichem wie Kaffee als Highlight seiner Produktpalette eine sehr interessante Waldmeistersuppe im Angebot führte, die er als Limonade anpries, sondern wir hielten dort auch einen bemerkenswerten Rekord.

Es war der Weltrekord im Pausemachen.

Viele angesehene Lehrer betonen ja immer wieder die Wichtigkeit der Pausen, sie rühmen deren unschätzbaren Wert für die perfekte Konzentrationsfähigkeit und preisen ihre essentielle Bedeutung für eine vernünftige Regeneration. Diese Thesen kann man glauben, oder man kann sie überprüfen.

Wir entschieden uns für Letzteres. Und dabei war uns klar: Wer prüfe, der prüfe gründlich. SEHR gründlich!

Uschi befand, dass man den echten Wert einer Pause erst dann wirklich bemessen könne, wenn sie sich auf die maximal mögliche Zeitspanne ausdehnte. Sebastian und ich stimmten zu, denn Uschi war der Älteste und trotz seiner Schlaksigkeit auch der Schwerste.

Wir legten für den Rekordversuch einen Montag fest, da jeden Montag der Kaffeeautomat frisch aufgefüllt wurde. Eine gute Versorgungslage war von Bedeutung, denn wir hatten einen schier wahnwitzigen Plan: Wir wollten uns um 6.55 Uhr in der Wilhelmstraße treffen, um um Punkt sieben Uhr zur Öffnung der Hochschule beim Pförtner die Schlüssel für die Übezimmer auszuleihen. Dann würden wir hochgehen, um exakt fünf Minuten zu üben. Um 7.06 Uhr wäre dann Treffpunkt am Kaffeeautomaten, wo wir bis 22.23 Uhr ausharren würden. Dann würden wir wieder in unsere Zimmer gehen, um uns dort abermals für fünf Minuten hinter das Instrument zu zwingen. 22.30 Uhr schloss die Hochschule. Insgesamt also exakt 15 Stunden und 17 Minuten Pause.

Um das Ganze etwas zu verschärfen, hatten wir uns auferlegt, dass wir uns während der ganzen Zeit nicht vom Kaffeeautomaten entfernen durften, außer für kurze Pinkelpausen, von denen jedem aber nur sieben zustanden. Man musste es sich also gut einteilen. Verhungern würden wir auch nicht, denn wir würden am Morgen noch schnell im Ullrich-Supermarkt an der Ecke zur Mohrenstraße Proviant einkaufen.

Es war einfach perfekt geplant, selbst für den heikelsten Teil der Unternehmung, das Aufstehen, hatten wir vorgesorgt: Sebastian, der keinen Wecker besaß, sollte von Uschi um 6.10 Uhr angerufen werden, denn Uschi besaß einen Wecker, den er sich auf 6.05 Uhr stellte. Da Uschi aber nie seinen Wecker hörte und auch kein Telefon, sondern erfahrungsgemäß nur die Türklingel, bestellten wir ihm den Pizza-Service auf 6.07 Uhr mit einer Margerita. Falls er die Klingel doch nicht hören sollte, so würde er zumindest die Pizza riechen, das funktionierte bei Uschi eigentlich immer. (Uschi hielt übrigens unseren internen Rekord für Schnellessen: zwei Döner und eine Pizza in sieben Minuten und 38 Sekunden.)

Nur ich war auf mich allein gestellt, was aber nichts machte, denn ich hatte einen Wecker, und ich hörte ihn in der Regel auch immer. Und wenn ich ihn nicht hörte, was meistens der Fall war, dann hörte ihn zumindest Max, und der kam dann zuverlässig und bewarf mich so lange mit Reclamheften, bis ich aufwachte. Nur einmal war Max nicht zu Hause, und das, als ich ausgerechnet meine erste große Mugge in Lübeck im dortigen Symphonieorchester hatte. Die Probe begann in Lübeck um 10 Uhr, ich wachte um 8.30 Uhr am Prenzlauer Berg auf. Tja, Künstlerpech!

Dieses Mal aber war Max da. Nichts konnte schiefgehen.

Und es ging auch erst einmal nichts schief: Uschi bekam die Pizza (fälschlicherweise mit Schinken, aber egal, er vergaß sie dann eh auf dem Klo). Er rief Sebastian an, der sogar abnahm. Und Max bewarf mich pünktlich um 6.05 Uhr mit Reclamheften. Alles lief wie am Schnürchen.

Dann allerdings kam es zu einem ersten Zwischenfall: Angekommen am U-Bahnhof Mohrenstraße, mussten wir feststellen, dass der Ullrich-Supermarkt tatsächlich erst um 8 Uhr aufmachte. Woher sollte man das bitte wissen? Vor 14 Uhr waren wir schließlich nie da gewesen. Erschüttert und durchaus besorgt um die Verpflegungslage, bogen wir in den Hof der Hochschule ein. Und ob Sie es glauben oder nicht: Vor dem Eingang wartete schon eine lange Schlange asiatischer Geiger und Pianisten, manche sahen sogar so aus, als hätten sie dort übernachtet.

Sie zeigten erstaunlich wenig Verständnis für unsere wissenschaftliche Feldforschung und ließen uns nur widerwillig vordrängeln. Erst als der Stinkepförtner, der natürlich eingeweiht war, hinzukam und Partei für uns ergriff, wichen die verbohrten Streber endlich zurück. Der Geruch des Stinkepförtners half da sicherlich mit, und wir waren voller Ehrfurcht, als er uns die Schlüssel aushändigte.

Wie vorgesehen versammelten sich Punkt sechs nach sieben alle Probanden wieder um den Kaffeeautomaten. Sebastian schien vom Üben etwas mitgenommen, es hatte ihn offensichtlich geschlaucht. Wahrscheinlich deswegen, weil er in Anbetracht der Kürze der Zeit auf die Lektüre seiner Hefte verzichtet hatte. Uschi hingegen wirkte sehr aufgeräumt. Denn im Gegensatz zu uns war er es gewohnt, wenig zu schlafen, da er mit großer Begeisterung und in steter Regelmäßigkeit bis sieben Uhr früh seltsame Sportübertragungen kuckte. Das war auch unser Glück, denn Uschi schaffte es, ein paar hilflose Geigenstudentinnen zu bestechen, uns einen Berliner Verpflegungsbausatz aus dem Ullrich zu holen, bestehend aus Buletten, Schrippen, Senf und Kartoffelsalat. Zusammen mit Automatenkaffee und Waldmeistersuppe kann ich das nur empfehlen. Da lässt es sich schon mal gut 15 Stunden aushalten. Vor allem, wenn man eine derartige Unterstützung genießt, wie wir sie hatten:

Bald schon scharten sich etliche Kommilitonen um uns, allen voran ein gewisser Grubber. Grubber hatte seinen Spitznamen von Sebastian Weber erhalten, weil er einen Zinken wie Schaufelbagger hatte. Und ein Schaufelbagger heißt in Berlin Grubber.

Grubber hatte mit Sebastian Weber ein Blechbläserquintett, das hauptsächlich in irgendwelchen Kirchen in der Mark Brandenburg oder Sachsen-Anhalt auftrat und berühmt war dafür, bei seinen Konzerten mindestens ein Werk nicht zu Ende spielen zu können, weil immer einer zu lachen anfing und alle damit ansteckte. Der Grund dafür war entweder, dass einer von ihnen ansatzmäßig total breit war und keinen vernünftigen Ton mehr rauskriegte, oder, dass bei irgendjemandem ein Ventil klemmte, oder, dass jemand ein Notenblatt vergessen hatte und es erst beim Umblättern merkte, oder irgendjemand in der Kirche musste an einer leisen Stelle husten... Auf jeden Fall funktionierte es immer.

Grubber war als Hornist an die Hanns Eisler gekommen, obwohl er eine legendär schlechte Klavieraufnahmeprüfung fabriziert hatte. Im weiteren Studienverlauf trat diesbezüglich keine wesentliche Besserung ein, und bei seiner Abschlussprüfung klebte eine ganze Traube sensationsgeiler Hörlustiger an der Tür, um Grubbers unnachahmlicher Fingerfertigkeit zu lauschen. Er bestand die Prüfung mit Ach und Krach, und mittlerweile ist er Hornist an einem sehr berühmten Opernhaus im Süden Deutschlands.

Auch ich war in puncto Klavier trotz meiner frühzeitigen Ausbildung für meine Pflichtfachlehrerinnen kein angenehmer Sparringspartner und verschliss deren zwei, die beide unverhofft in Frührente gingen.

Uschi behauptete: ganz klar wegen mir.

Ich glaube aber wegen Andre Baran. Andre studierte zwar eigentlich Trompete, wurde aber berühmt als der einzige Student in der Geschichte der Hochschule, dem das Werk für seine Abschlussprüfung im Pflichtfach Klavier extra vom Lehrer komponiert wurde. Es war ein Stück, in dem er keinen seiner zehn Finger von einer Taste wegbewegen musste.

Wie Sie sich sicherlich vorstellen können, hatten

Grubber und Andre Baran großes Interesse an unserem Pausenrekord und dessen Ergebnis, genauso wie so ziemlich alle Blechbläserstudenten am Haus.

Ein paar junge Flötistinnen beäugten uns aus der Ferne mit einer Mischung aus Faszination und Abscheu, und der Stinkepförtner wurde nicht müde, jeden Zaungast in unser wertvolles Projekt einzuweihen.

Ob es tatsächlich so wertvoll war, ließ sich allerdings am Ende nicht mehr so recht feststellen, da sich um 22.23 Uhr keiner mehr zum Üben aufraffen wollte. Ich war hoffnungslos überfressen und hatte Angst, mehr als nur Luft durch das Instrument zu blasen, Uschi hatte sich eh disqualifiziert, weil er schlussendlich eingeschlafen war.

Nur Sebastian Weber konnte am Ende dennoch den Rekord für sich verbuchen, weil ihm Grubber die Posaune und ein Heftchen an den Kaffeeautomaten brachte und ihn zumindest zu einem jämmerlichen Ton überreden konnte.

Ob allerdings die gut fünfzehnstündige Pause zu einer besseren Qualität dieses Übevorgangs beigetragen hatte, vermochte selbst der Stinkepförtner nicht zu beurteilen.

Stockholm

Trotz der Heimeligkeit meiner Berliner Clique kehrte ich der Stadt bereits nach zwei Jahren wieder den Rücken. Schon zu Beginn meines Studiums hatte ich mir vorgenommen, nach dem Vordiplom mit einem Erasmus-Stipendium ins Ausland zu gehen. Irgendwohin, wo es warm ist und schöne Strände gibt.

So entschied ich mich für Stockholm.

Uschi meinte, das wäre Blödsinn, das wäre ja wie Eulen nach Athen tragen, ich sähe ja exakt genauso aus wie all diese Schweden. Leider hatte er sich da aber ziemlich getäuscht: Die Schweden fanden alle, ich sähe exakt genauso aus wie alle diese Deutschen. Und ich glaube nicht, dass man das als Kompliment werten konnte.

Zumindest hatte ich mir schon im Vorfeld landessprachliche Grundkenntnisse angeeignet, und zwar durch den Besuch eines universitären Schwedisch-Kurses in Berlin-Karlshorst. Über den Sinn eines solchen wurde allerdings geunkt, denn die Schweden sind ja bekannt dafür, jede Gelegenheit, Englisch zu sprechen, unbedingt wahrzunehmen. Also merke ich mir aus dem Kurs eigentlich nur ein kurzes und wunderbar poetisches Sommergedicht, das ich für etwaige Begegnungen mit schwedischen Schönheiten stets parat hielt. Die Wirkung des Gedichtes war auch nicht zu leugnen, und ich feierte große Erfolge damit. Allerdings nur bei Damen oberhalb einer offensichtlich magischen Altersgrenze von 50 Jahren.

Wenn Sie schon einmal in Stockholm gewesen sind, dann wissen Sie, dass das nicht gerade ein günstiges Pflaster ist. Nicht nur in Sachen Alkohol, sondern auch in puncto öffentlicher Nahverkehr. Da war es gut, wenn man nah zur Musikhochschule unterkam.

Ich strandete auf einer weit entfernten Insel namens Lidingö, bei einer älteren Dame namens Gungerd. Sie stammte ursprünglich von der Insel Gotland und machte mir von Anfang an klar, dass ich das Zimmer nur zur stummen Untermiete hätte und wir ansonsten getrennte Wege gingen. Ab Tag zwei war sie stets beleidigt, wenn ich nicht mit ihr frühstückte, zu Abend aß oder fernsah. Außerdem weigerte sie sich, Englisch mit mir zu sprechen, überzog mich mit langen, in einem Höllentempo vorgetragenen schwedischen Tiraden und war glücklich, wenn ich ihr fünfmal am Tag das Sommergedicht vortrug.

In mütterlicher Fürsorge besorgte sie mir von einem Hehler ein günstiges Fahrrad, mit dem ich dann einen schier endlosen schwedischen Winter lang jeden Tag neun Kilometer einfach in die Königliche Musikhochschule radelte, manchmal sogar bei 27 Grad – minus, versteht sich.

Dafür konnte man allerdings in Stockholm keine besondere Anerkennung erwarten, die Schweden sind ihre Temperaturen gewöhnt. Unbeeindruckt von Schnee und Eis spielten sie immerzu im Freien ein lustiges Wurfspiel mit Holzklötzen. Leider auch im Innenhof der Musikhochschule, den man man von jedem Übezimmer im Blick hatte. Und gemeinerweise spielten sie dieses Spiel immer dann, wenn ich gerade ernsthaft üben wollte.

So brachte ich am Ende kaum neuerworbene tubistische Fähigkeiten mit nach Hause, sondern lediglich ein paar Holzwürfel zum Rumwerfen mit Uschi vor der Uni-Mensa. Dabei beobachteten uns ein paar clevere Typen aus Freiburg, meldeten ein Patent an und vertrieben das Spiel alsbald in ganz Deutschland. Heute sind sie vermutlich Millionäre, während ich mein Holzspiel nicht mehr finde.

Ein Grund, warum ich in Stockholm nicht erfror, war dem Umstand geschuldet, dass ich fast jedes Wochenende heimfliegen musste. Ich hatte nämlich gleich nach der Zeit beim Musikkorps (manche behaupten, als Art

Eigentherapie nach den dort erlittenen Traumata) eine Musikkabarett-Truppe gegründet. Diese bestand außer mir aus drei ehemaligen Schulkameraden und trug den denkbar dämlichen Namen »Star Fours – Die Musik schlägt zurück!«. Wir hatten auf die Namensfindung keinen besonderen Wert gelegt, da wir ursprünglich nur ein einziges Mal in einem Brauerei-Gasthaus in Eichstätt auftreten wollten. Aus diesem einen Auftritt wurden am Ende über hundert mit insgesamt vier Programmen (eins davon hieß »Die Rückkehr der Jodelritter«), und neben einem Auftritt in Ottis Schlachthof kamen wir sogar bis zum Gewinn der »Goldenen Weißwurscht«, eine Auszeichnung, die mir besonders am Herzen lag.

Ich plante nämlich, dieser Trophäe einen echten Ehrenplatz in meiner Wohnung zuzuweisen, aber leider gab es überhaupt keine Goldene Weißwurscht, sondern nur eine langweilige Urkunde. Das dient wieder einmal als Beweis, dass es in Wirklichkeit immer nur hässliche Trophäen zu erringen gibt, allen voran die gebogene Eisenbahnschiene beim ECHO.

Wir spielten bei den Star Fours insgesamt rund 34 Instrumente. Ich malträtierte außer der Tuba Ursula, die ich mit Schleifpapier abgeschmirgelt, mit Nagellackentferner entfettet, dann mit einer Außendispersion weiß grundiert und schließlich mit blauen Rauten bemalt hatte, noch Posaune, Trompete, Tenorhorn, Klavier, Krummhorn, Blockflöte, Schlagzeug, Maultrommel, Nasenflöte und ein selbstgebautes Gasmaskophon.

Es war recht lustig, wenn ich meinen Lehrern in Stockholm erklären durfte, dass ich an den Wochenenden nicht für Projekte bereitstünde, weil ich eine Konzerttournee mit Nasenflöte und Gasmaskophon durch Orte wie Runding, Pfaffing oder Unterpindhart hatte.

Aber selbst wenn ich einmal etwas länger am Stück in Stockholm verweilte, zog es mich sofort wieder in die Ferne.

Ein sehr beliebter Trip der Schweden ist die Überfahrt nach Helsinki, die mit dem sogenannten »Love Boat« der Silja Line vorgenommen wird. Diese Reise ist vielfach erprobt und sehr zweckmäßig: Man fährt in einer Nacht hin und in der darauffolgenden wieder zurück. Auf dem Weg hält man beide Male an einer zollfreien Insel, um an Bord günstigen Alkohol kaufen zu dürfen. Den können die Passagiere sogleich konsumieren oder auch mitnehmen, weswegen jeder Reisende im Schnitt zwei Sackkarren mit sich führt. Der Tag im Hafen von Helsinki wird dann von den meisten getrost verschlafen, Sightseeing machten eigentlich nur ich und mein Freund Deininger, der mich in Stockholm besuchen gekommen war und mit mir diese Überfahrt wagte. Nun tranken weder der Deininger noch ich Alkohol, und so mussten wir uns mit dem zweiten Zweck einer solchen Reise befassen, nämlich der interkulturellen Kontaktaufnahme. Diese fand offensichtlich am Oberdeck in der Karaoke-Bar statt. Es schien ein ungeschriebenes Gesetz, dass nur die Männer sangen und die Frauen ihrerseits andächtig zuhörten. Die Damen hatten keine Schwierigkeiten, direkte Vergleiche zu ziehen, denn alle sangen das gleiche Lied. Das heißt, die Schweden sangen ihres und die Finnen ihres. Die Schweden sangen ein fröhliches Sommerlied mit dem Titel »Ooa hela natten«, die Finnen revanchierten sich mit dem durchaus passenden nordfinnischen Hit »Titanic – rautavuori, Titanic – rautakuori«.

Ich wählte »Dream dream dream« von den Everly Brothers und hatte leichtes Spiel. Der Deininger wollte mich eigentlich noch disqualifizieren, aber ich war schon in den Armen einer finnischen Krankenschwester aus Kokkola, einer Siedlung rund 500 Kilometer nördlich von Helsinki. Dorthin buchte ich auch bald einen Flug, den zu stornieren mich meine Mutter überreden wollte. Der Exfreund meiner neuen Liebe hatte mir nämlich telefonisch mitgeteilt, er würde anlässlich meiner Ankunft erst mich, dann sie und am Ende sich selbst erschießen. Ich flog als unerschrockener Holledauer natürlich trotzdem und hatte das Glück, dass er sich wohl im Flugplan vertan hatte. Er kam dann erst am nächsten Tag zum Haus, schoss aber lediglich ein paarmal in die Luft.

Überhaupt sind die Finnen nicht so gefährlich, wie sie aussehen. Zugegeben, sie haben seltsame Traditionen, zum Beispiel mit dem Auto auf dem gefrorenen Meer so lange rauszufahren, bis es einbricht. Ein lustiges Volk.

Als wir ein Jahr später den Welt-Tuba-Kongress in Lahti in Zentralfinnland abhielten, bauten sie extra eine Tuba-Sauna, der eine alte Tuba als Ofen diente. Im Trichter waren die Kohlen, und sie war komplett spielfähig, wenn man das Mundstück der Hitze wegen nicht direkt draufstöpselte, sondern einen langen Gummischlauch zwischenschaltete.

Zur Einweihung suchte man einen Verrückten, der unbekleidet für das Staatsfernsehen in der geheizten Sauna auf dem Tuba-Ofen blies. Meine Interpretation des von einem bekannten örtlichen Komponisten extra für diesen Anlass geschriebenen Werkes »Lisää Lāöylyä« (übersetzt: »Letzter Aufguss«) wird seitdem jährlich im dortigen Ersten Programm wiederholt.

Die Konferenz erreichte allerdings ihren Höhepunkt, als man zu den Weltmeisterschaften im Tuba-Weitwurf schritt. Diese herrliche Disziplin, bei der man versucht, eine Tuba so weit wie möglich in einen See zu werfen, könnten sich so manche Streicher und Holzbläser als leuchtendes Beispiel nehmen. Aber dafür sind sie wohl zu humorlos.

Meine nordfinnische Eroberung musste ich allerdings

bald wieder sausen lassen, denn sie legte sich mit meiner Zimmerwirtin an. Zugegeben, Gungerd bemühte sich nicht gerade, ihr den Aufenthalt bei mir angenehm zu gestalten. Aber sie hätte Gungerd trotzdem nicht als »Vanha Lochikärmä« betiteln sollen. Das heißt übersetzt »alter Drache«. Und so viel Finnisch können selbst die Schweden.

Überhaupt endete mein Skandinavien-Aufenthalt außerplanmäßig schon nach einem halben Jahr, da ich ein Stipendium der Berliner Philharmoniker erhalten hatte. Nachdem mir Uschi erklärt hatte, dass das das beste Orchester der Welt sei, packte ich das gestohlene Fahrrad ein und zog zurück nach Berlin.

Hannover

Da ich ja nun wieder in Berlin wohnte, wäre es sicher logisch gewesen, dass ich zum Studieren an die Hanns Eisler zurückkehrte. Allerdings hatte ich das vage Gefühl, dass ich mit Pausenrekorden und Geburtstagsfeiern nicht wirklich vorwärtskommen würde. In einem kurzen Anflug von Vernunft beschloss ich also, meiner Chaoten-Truppe wenigstens temporär zu entkommen, und schrieb mich in Hannover ein, wo ein sehr bekannter junger Tuba-Professor gerade zu unterrichten begonnen hatte.

Unsere Klasse bestand aus einem knappen Dutzend Studenten aus acht verschiedenen Ländern. Von denen wohnten allerdings nur zwei in Hannover. Wahrscheinlich, weil sie die Stadt vorher nicht kannten oder von zu Hause Schlimmeres gewohnt waren. Es waren ein Engländer und ein Japaner.

Der Rest der Klasse zahlte ein bisschen zur Miete zu, so dass die beiden sich eine ziemlich große und ausgesprochen hässliche Wohnung leisten konnten. In dieser übernachtete dann immer die komplette Klasse, wenn der Lehrer aus Kopenhagen, wo er wohnte, anreiste. Das war sehr heimelig und auch gemeinschaftsfördernd. Der Japaner kochte ausgezeichnet, allerdings nur italienisch, und der Engländer pantschte morgens ein Porridge, auf das er sehr stolz war, und abends einen Bread Pudding, der aus Brot und Fett bestand und auf den er noch etwas stolzer war. Vor allem, weil der Japaner behauptete, mit dieser Masse könne man getrost ein Haus errichten.

Wir anderen waren einfach nur dankbar, nicht mehr Zeit als notwendig in dieser Stadt verbringen zu müssen.

Ich war in Berlin auch nicht mehr auf den Prenzlauer Berg gezogen, weil der plötzlich angesagt war, sondern nach Berlin-Mitte nahe den Hackeschen Höfen. Das war damals noch mega-out.

Mega-in war hingegen unter den Musikstudenten, wenn man in der Akademie der Philharmoniker war.

Plötzlich wurde ich von den Studenten bewundert, und damit konnte ich ganz schlecht umgehen. Wenn man in der Holledau aufgewachsen ist, ist man das nicht gewohnt. Bewunderung wäre ja schon so etwas Ähnliches wie ein Lob. Und ein Lob, das gibt es dort nicht wirklich. Wenn überhaupt, dann äußert man ein Lob wie schon die alten Griechen in der Verneinung des Gegenteils. Zum Beispiel sagt man über eine Frau, deren

Schönheit man preisen möchte: »Greislig is ned.« Oder als Dank für eine ausgezeichnete Mahlzeit: »Hob scho Schlimmers gfressn.«

Und auch später in der Schule in Ingolstadt war ich eher Ziel von Ver- als Bewunderung. Das lag zum einen daran, dass ich farbenblind bin und jahrelang eine lilafarbene Jacke trug, von der ich glaubte, dass sie blau war. Zum anderen schienen meine Freizeitaktivitäten wie Ministrieren, Kolpingfamilie, Jugendrotkreuz und Blaskapelle nicht mehr en vogue zu sein. Wenn ich früher im Gymnasium versuchte, mit meinen Auftritten bei irgendwelchen Trachtenumzügen anzugeben, wurde ich meistens von Kameraden in Kurt-Cobain-T-Shirts in die Büsche geworfen.

Das prägt, und ich wurde immer trickreicher, was das Vermeiden von Bewunderung anging: Meistens erzählte ich den Menschen, die ich kennenlernte, irgendwelche lustigen Geschichten. Meine Lieblingsgeschichte während meiner Akademiezeit war, dass ich Landwirt in Berlin-Mitte sei, mit unterirdischen Ställen für Hühner und Kühe in den ehemaligen Kriegsbunkern. Durch spezielles UV-Licht legten die Hühner sogar mehr Eier, und die Kühe gaben mehr Milch, aber nur, wenn man sie jede Nacht zwischen 3.30 Uhr und 4.30 Uhr auf die Grasfläche an der Alten Schönhauser Straße ließ. Sie können sich nicht vorstellen, wie viele Leute das geglaubt haben.

Wenn ich Lust hatte, legte ich mich dann in der Nacht auf die Lauer und schaute, ob jemand kontrollieren kam.

Viel Zeit, solche Geschichten zu erzählen, hatte ich aber gar nicht, denn ich war ständig unterwegs. Wenn nicht nach Hannover, dann mit den Star Fours in irgendwelche Winkel des Bayerischen Waldes und ab und zu sogar noch mal für den ein oder anderen Unterricht nach Stockholm.

Mein Zimmer bei Gungerd war allerdings schon wieder belegt, ich hatte es einer russischen Chordirigentin »vererbt«. Die Chordirigentin lud mich dann als Dankeschön dafür auf ein besonderes Abendessen ein. Leider hatte das Abendessen, das sie mühevoll für mich zubereitete, eine Vorspeise. Die Vorspeise hieß Kaviar.

Ich esse ja grundsätzlich alles, aber auf Kaviar muss ich kotzen. Auf meinem Teller befanden sich drei Kaviarbrote, und ich ging dreimal heimlich kotzen. Dann war es endlich geschafft. Ich war stolz und erleichtert und Marianna glücklich, dass es mir so geschmeckt hatte. Vor lauter Freude überließ sie mir dann auch noch ihre drei Brote. Seitdem lasse ich mich nie mehr von Russen zum Essen einladen.

Ansonsten war ich aber neben Berlin und Hannover sehr viel in Bayern unterwegs, denn wir erlebten mit den Star Fours unsere Hochzeit! Wir waren die Lieblinge des Publikums und zugleich die Schrecken der Veranstalter. Wie an Kleinkunstbühnen allgemein üblich, werden die Künstler des Abends nämlich immer freigehalten. In unserem Fall wurde das den Bühnen aber zum Verhängnis, denn ich war von uns vieren der mit Abstand schlechteste Esser. Im Schnitt kam jeder von uns neben allerlei Kleinigkeiten auf drei Hauptspeisen pro Abend. Als einige Wirte anfingen zu rebellieren, bot der Berger Alex den Deal an, unsere Essensrechnungen komplett zu bezahlen, wenn wir dafür alle Eintrittsgelder bekämen. Das war ein fataler Fehler, wurde es doch für uns ein katastrophales Minusgeschäft. Und so löste sich die Truppe nach gut sechs Jahren in Frieden auf. Seitdem treffen wir uns einmal jährlich nur noch zum Essen, ohne lästige Auftritte.

Sie fragen sich sicher schon seit einer Weile, warum dieses Kapitel Hannover heißt. Das frage ich mich ehrlich gesagt auch. Aber wenn Sie schon einmal in Hannover gewesen sind, dann werden Sie mich verstehen.

Der unerträgliche Aufwand
des Berufslebens

Nach Linz ans Dreispartenhaus: Aufwand auf allen Ebenen

Zum Probespiel beim Bruckner Orchester Linz reiste ich bereits am Vorabend an, und zwar mit der Bahn. Heute ist der Linzer Hauptbahnhof ja ein architektonisches Kunstwerk, damals bestand er aus ein paar Gleisen und einem Vorplatz mit furchterregenden Schlaglöchern, zwischen denen eine trostlose Würschtlbude thronte. Ich dachte, ich hätte verschlafen und wäre erst in Bukarest aufgewacht.

Die wahre Schönheit dieser verkanntesten Stadt Österreichs sollte sich mir aber in den nächsten Jahren ausführlich erschließen, denn ich bekam im Bruckner Orchester eine Festanstellung (ausnahmsweise ohne Verpflichtung zur leichten Gartenarbeit) und blieb dort ganze vier Jahre.

Nun birgt eine Festanstellung für den Inhaber derselben ja die Gefahr, seriös und gesetzt zu werden. Sogar die meisten Musiker werden entsetzlich spießig.

Ich wusste diese Gefahr allerdings im Keim zu ersticken: Kurzerhand zog ich nämlich in eine ziemlich heruntergekommene 6er-WG, und dort ins kleinste Zimmer. Es maß ungefähr zwölf Quadratmeter und ließ keinen Platz zwischen Kleiderschrank und Matratze. In der Küche kochte der Informatikstudent Roland seine »getunten« Tiefkühlpizzen, Kunststudent Philipp fotografierte irgendwelche Frauen auf seinem Bett, Hanna und Alice diskutierten über Männer, die sie nicht anriefen, Schülerin Jantschi war von ihrer Familie in der Wohnung gegenüber zu uns ausgelagert worden, und ich war dauerhaft zum Kloputzen eingeteilt. Ich fühlte mich jung und vital und gar nicht berufstätig!

Außerdem besorgte ich mir einen Treueausweis beim Leberkas-Pepi, in dem zehn Leberkassemmerl-Aufkleber Platz hatten. Die 11. Semmel war dann gratis. Und wenn man die verzehrt hatte, besorgte man sich wieder einen neuen Treueausweis. Ich brachte es auf insgesamt 43 Treueausweise.

Beim Leberkas-Pepi traf man so ziemlich alles vom Sandler bis zum Landeshauptmann, und es wurde angeregt diskutiert. Hauptsächlich darüber, ob der Pizza-Leberkäse, der mit den scharfen Pfefferoni oder der Zwiebelleberkas der beste sei. Der beste war aber zweifellos der Kasleberkas, allein schon des Namens wegen. Kas im Leberkas, was für eine großartige Idee der Österreicher! Sie machen den Käse ja auch in Würschte (Kaskrainer oder auch Eitrige), in Schnitzel (Cordon bleu, oder wie auch gerne geschrieben: Gordon bleu) oder in Knödel (Kaspressknödel). Überhaupt sind die Österreicher ein sehr lustiges Volk und immer für einen Schmäh zu haben. Außer – ja außer – ein Deutscher macht einen Schmäh über die Österreicher. Und das, das durfte ich am eigenen Leib erfahren ...

Ihren Anfang nahm die Geschichte, als ich beschloss, das Linzer Theater in seinem gesamten Angebot wahrzunehmen.

Im Orchester spielte ich ja schon, oder vielmehr las ich dort viele Bücher, da mein Kollege Landertinger an der Bassposaune zuverlässig meine Pausen zählte und mir rechtzeitig die Einsätze gab. Ich kochte ihm dafür öfter mal einen Schweinebraten. Wenn sein Kollege Walter Dienst hatte, wurde es mit dem Lesen stressiger, denn Walter freute das Zählen gar nicht und er verpasste seine Einsätze selber.

Wenn mir dann doch einmal langweilig wurde, zog ich gelbe Socken zum Frack an und wartete darauf, wann sich der erste Kollege beim Betriebsrat beschwerte. Das dauerte in der Regel nicht lange. Oder ich legte dem Pauker vor seinem leisen Einsatz ein Zehnerl auf die Pauke. Am liebsten aber steckte ich dem Walter, wenn er allzu vertieft in die Musik zum Tagträumen anfing oder sogar kurz einschlief, mein Tuba-Mundstück auf seine Bassposaune. Das war besonders lustig, weil er es meistens erst merkte, wenn er zum Blasen ansetzte und fürchterlich erschrak.

Nach einem knappen Jahr der Eingewöhnung begann ich mich dann auch für die anderen Sparten am Haus zu interessieren.

Die Sänger hatte ich in der Oper eh direkt vor der Nase, oder besser gesagt: über dem Kopf, denn ich saß ja im Orchestergraben. Und am Ende meiner ersten Saison schaffte es tatsächlich eine Oper auf den Spielplan, zu der ich eine ganz besondere Verbindung hatte: »Die Liebe zu den drei Orangen« von Prokofjew. Fröhlich auf meiner Tuba den berühmten Furz intonierend, saß ich unten im Graben und wartete gespannt auf den Moment, da die Orangen geöffnet wurden. Nach sorgfältiger Begutachtung nahm ich die zweite der Prinzessinnen zur Freundin und hatte zwei Jahre eindrückliche Einblicke in die verquere Welt der Sänger. Ich hatte von den ehernen Regeln eines Opernhauses wirklich nichts verstanden.

Besonders interessierte mich allerdings das Schauspiel, denn ich hatte zusammen mit Uschi und dem Tuba-Schmuggler Deininger eine neue Kabarettformation gegründet, die sich dem satirischen Theater verschrieben hatte. Mit von der Partie waren noch der ehemalige Klassenkamerad und Jurist Jordt, der Historiker und Altphilologe Hartmann sowie zwei ansehnliche

Mädchen, denen der Jurist Jordt in jedem unserer Programme irgendwann einmal auf den Hintern patschen durfte – quasi als roter Faden und episches Element. Wir nannten uns die »Qualkommission« und brachten insgesamt vier Programme zur Aufführung, allesamt in einem einsturzgefährdeten Gewölbe in Ingolstadt. Das machte sehr viel Spaß, sogar unserem Publikum in Lebensgefahr, und wir beschlossen, damit auf Tour zu gehen. Da hatte dann auf einmal keiner mehr Zeit.

Also schrieben wir unser letztes Ensemblestück »Das Wunder von fern«, das wir anlässlich der Fußball-Weltmeisterschaft 2006 aufgeführt hatten, von acht auf nur zwei Darsteller um, die alle 32 Rollen übernehmen mussten. Bei der peinlichen Auslosung der Freiwilligen fiel die Wahl auf Uschi und mich, da wir ja nur Musik studierten und somit eh nix zu tun hatten. Uschi und ich machten uns also auf den Weg und spielten auf weltberühmten Bühnen in Oelsnitz, Moers, Dingolfing und eben auch im Linzer Landestheater, wobei der Auftritt in Linz etwas ungewöhnlich zustande kam. Er entsprang einer Wette mit dem Chefdramaturgen beim Mittagessen in der Kantine, es ging um die Definition der Inhaltsstoffe einer Nachspeise. Doch wie auch immer, wir durften dort also vor überschaubarem und anfangs skeptischem Publikum unsere schwarzhumorige Collage aus Massakerdokumentationen und Gammelfleischverkostungen präsentieren.

Dem Österreicher an sich gefällt ja morbides Zeug, unserem Linzer Publikum auch, und so bekamen wir in der Folge vom Landestheater den Auftrag, eine Satire anlässlich der Fußballeuropameisterschaft zu schreiben, die 2008 zufälligerweise gerade in Österreich und der Schweiz ausgetragen wurde.

Dieses Werk, das ich gemeinsam mit dem Deininger verfasste, hieß »Der Ball ist wund«. Uschi und ich spielten in dem Stück zusammen mit fünf Hausschauspielern, wobei ich allerdings aus Kostengründen auch die Regie übernehmen, das Bühnenbild erstellen, die Kostüme zusammensuchen und zu allem Überfluss Uschi und den Deininger beherbergen musste. Da traf es sich gut, dass ich mich zumindest privat etwas verbessert hatte: Ich wohnte mittlerweile in einer großen Altbauwohnung direkt an der Donau, mit riesigen Zimmern, schönem Stuck an der Decke und anfänglich vier Mitbewohnerinnen. In dieser Konstellation kultivierte ich mit stoischer Ruhe die Rolle des Beichtvaters, was mir uneingeschränkte Bewunderung und die Entbindung von allen häuslichen Pflichten einbrachte. Vor allem aber lernte ich viel über die verwinkelte Psyche der Frauen. Verstanden habe ich sie bis heute nicht, aber es reicht ja manchmal schon, Verständnis zu heucheln. Das ist natürlich als externer Berater weitaus einfacher zu bewerkstelligen als in der Rolle des direkt Betroffenen.

Die Mädchen hörten aber leider nach einem Jahr schon zu studieren auf und zogen aus Linz fort, und so musste ich die WG komplett neu besetzen. Ich begriff es als Chance für eine weitere Fortbildungsmaßnahme in puncto zwischenmenschlicher Beziehungen und gründete eine Integrations-WG:

Als Mitbewohner erwählte ich mir eine bisexuelle Schauspielstudentin in Dauertherapie, einen schwulen Wirtschaftsstudenten, der aber mehr bei McDonald's arbeitete, und einen ghanaischen Asylbewerber, der mich ständig zum Fufu-Essen einlud und die Vorzüge dicker Frauen pries. Eine bunte Mischung skurriler Typen, würde ich sagen.

Uschi und der Deininger fielen also gar nicht weiter auf. Was allerdings auffiel, und zwar der österreichischen Presse, war der vermutete Umstand, dass sich hier auf Kosten der österreichischen Steuerzahler ein paar Deutsche über deren Land lustig machten.

Die Kritik – der Lohn für den ganzen Aufwand

Wenn Sie sich jetzt denken, dieser Hofmeir muss ja im Erfolg ersticken, und quasi alles ist aus Gold, wo er hineinbläst, dann werden Sie Ihre Meinung vielleicht aufgrund folgender Rezension überdenken. Verfasst wurde sie von Margret Czerni, einer anerkannten Kulturkritikerin des *Österreichischen Volksblatts* anlässlich der Premiere unseres Fußball-Kabarettabends in Linz.

Das *Volksblatt* ist die Hauszeitung der Österreichischen Volkspartei und somit in etwa vergleichbar mit dem *Bayernkurier*. Also ein Meinungsforum, das etwas gilt.

Unser Stück »Der Ball ist wund« behandelte behutsam die diffizile Rolle Österreichs als EM-Gastgeber und Vorrundengegner der deutschen Nationalmannschaft. Und was Sie vielleicht vorher wissen sollten: Deutsche sind in Österreich allgemein geduldet, der Hass auf die Piefke oder auch Piefkinesen, wie sie uns nennen, wird stets höflich unterdrückt und im Falle eines Bayern sogar meistens vergessen. Es gibt allerdings zwei Ausnahmen, bei denen sich die abgrundtiefe Verachtung des großen Nachbarn stets Bahn bricht. Es handelt sich dabei um die unerhörte Vergabe von österreichischen Studienplätzen an deutsche Studenten und den Fußball.

Der Deininger kennt beides, er war ja drei Jahre verfolgter Quoten-Bayer an der Uni Wien, während ich »nur« einen Arbeitsplatz in Linz wegnahm. Beim Fußball hatte es uns allerdings beide schon mal getroffen. Man sollte halt nicht in Österreich mit einem Deutschland-Leiberl zum Public Viewing gehen, das meinte auch mein alter WG-Genosse Roland. Er gehe ja auch nicht mit einer Kippa durch den Gaza-Streifen.

2008 wollten der Deininger und ich also die Materie noch einmal neu beleuchten. In unserem Stück ließen wir ein deutsches und ein österreichisches Pärchen auf das Bruderduell bei der EM hinfiebern. Hauptkonflikt: Die Österreicher hassen, fürchten und belächeln die Deutschen gleichermaßen, die Deutschen wiederum finden die Österreicher einfach nur putzig. Eine fatale Konstellation: Gibt es doch nichts Schlimmeres als unerwiderten Hass.

Das dachte sich wohl auch Frau Czerni, die übrigens auch den Fußball und die Gesellschaftssatire hasst und somit ein würdiger Pressevertreter für unsere Premiere war. Die Theaterintendanz hatte uns nahegelegt, der Kritik einen Ehrenplatz zuzuweisen, denn so einen wunderbaren Verriss bekomme man nicht alle Tage.

Nicht nur, dass sie unseren Abend als »Zumutung für Publikum und Darsteller« bezeichnete. Das ist eine Satire ja logischerweise immer. Messerscharf stellte sie fest, dass es in dem Stück um das im Moment leider aktuelle Thema »Fußball« gehe und da vor allem »*um die billige ›Kontroverse‹ Österreicher gegen ›die Deutschen‹*«. Eine Feindschaft, die es natürlich in Wirklichkeit gar nicht gibt, eh klar.

Die wissenschaftliche Begründung folgte auf dem Fuße, und jetzt muss ich wörtlich zitieren, denn so schön kann nur Frau Magister Czerni schreiben: »*Cordoba (1978) werden sie uns Ösis nie verzeihen, so wie wir ihnen nie Königgrätz (1866) vergeben werden, auch wenn wir an jener Niederlage selber schuld waren. (Die Preußen hatten halt leider schon Zündnadelgewehre!) Apropos, Piefkes! Bayern, aber auch Rheinländer sind für uns keine Piefkes, und schon gar nicht alle Deutschen! Und sogar »echte« Piefkes, die nördlich des »Weißwurstäquators«, sprich: des Main-Flusses, leben, wie die Berliner, mögen wir wegen ihrer »Schnauze« und Offenheit sogar sehr! Also bitte:*

Schluss mit pseudokabarettistischen Spaßetteln über eine Feindschaft, die es gar nicht gibt!«

Ich wünschte manchmal, ich könnte diese Frau Czerni als Kritikerin mit auf Tour nehmen!

Die kurze Geschichte der segensreichen Verbindung von Tuba und Harfe

Jeder hat so seine Träume. Sogar jemand, der eine Karriere auf einem Instrument einschlägt, das er sich nicht freiwillig rausgesucht hat. So einer wie ich zum Beispiel.

Sie müssen sich mal vorstellen: Musiker! Das klingt nach Erotik, nach schmachtenden Frauen, schwitzenden Schlagzeugern, verwegenen Gitarristen. Feingliedrige Finger, die den Därmen brasilianische Rhythmen entlocken, zu denen die Damenwelt reihenweise in Ohnmacht fällt.

Das, meine Damen und Herren, passiert Ihnen mit der Tubastimme aus der »Fuchsgraben-Polka« eher selten bis gar nicht. Ich spreche da aus Erfahrung. Und damit fällt, sind wir uns mal ehrlich, der eigentliche Grund des Musikerdaseins auch schon weg. Denn wer sieht seine Erfüllung schon darin, tausendfach kopierte Noten längst verstorbener Komponisten immer und immer wieder aufzuführen, wenn da nicht diese Wirkung aufs andere Geschlecht wäre?

Ich habe trotzdem Tuba studiert, aber das wissen Sie ja bereits. Ich könnte jetzt pathetisch sagen, aus reiner Liebe zur Musik. Denn Furzen, Wurmleiden und bezahlte Pausen, das ist zumindest für jemanden wie mich, der aus dem ländlichen Raum stammt, durchaus nicht unvertraut und sogar anheimelnd.

Trotzdem wollte ich die Chance nicht missen, auch die Wirkung auf das weibliche Geschlecht zu testen. Und wenn es, also das andere Geschlecht, die sagenhafte Erotik meines Instrumentes nicht gleich auf den ersten Blick einzuschätzen weiß, dann braucht es halt Zeit zur intensiveren Beschäftigung mit der Materie. Und so fragte ich den Geisenfelder Kirchenmusiker und Komponisten Jörg Duda, ob er mir ein Stück für Tuba und Harfe schreiben könnte. Denn bei keinem anderen Instrument, das hatte ich durch umfangreiche Recherchen herausgefunden, ist die statistische Wahrscheinlichkeit einer zarten weiblichen Spielerin so groß wie bei der Harfe. Verfügte man also über ein derartiges Opus, wäre es ja nachgeradezu zwingend, mit eben einem solchen Wesen eine erkleckliche Zeit gemeinsam zu verbringen.

So dachte ich, und es entstand das erste Werk für Tuba und Harfe überhaupt, die »Fantasia«. Das war leider auch hellseherisch programmatisch von dem werten Herrn Duda, denn die intensive Beschäftigung mit einer Harfenistin blieb noch viele Jahre eine Fantasie.

Die erste, eine aus dem ländlichen Norden Ingolstadts, musste erst bei der Ernte helfen, dann fürs Abitur lernen und floh schließlich vor mir nach Lübeck an die Musikhochschule, die zweite, praktischerweise meine direkte Nachbarin in Berlin, eine zarte Französin, zog kurz nach der ersten gemeinsamen Probe nach Lyon und schenkte mir aus schlechtem Gewissen ihr Geschirr und einen Beistelltisch. Die dritte schließlich war so unkompliziert, dass ich der Sache gar nicht trauen wollte. Und richtig, bald stellte sich heraus, dass sie vom anderen Ufer war.

Also landete das Werk wieder auf der Halde, und ich beschäftigte mich gezwungenermaßen weiter mit den Alkoholkrankheiten meiner Blechbläserkollegen.

Eine jähe Wendung nahm die Geschichte allerdings, als ich im Jahr 2005 ins Finale des Deutschen Musikwettbewerbs vorrückte, weil die Fachjury gerade nicht aufgepasst hatte. Es ist dies ein Wettbewerb jeder gegen jeden, ein Hauen und Streichen zwischen Pianisten, Cellisten und eben auch Tubisten und Harfenistinnen.

Zur finalen vierten Runde stand also in der Hochschule der Künste in Berlin ein prominentes Begleitorchester bereit, und die Delinquenten des Finaldurchgangs wurden auf verschiedene Einspielzimmer gelost. Immer zwei in eines. Ich kam zu spät, wie immer. Wir hatten am Vorabend bei Uschi in Tegel gegrillt und dabei festgestellt, dass der Weihnachtsbaum, den ihm ein

Freund vor drei Jahren geschenkt hatte, immer noch mitten im Wohnzimmer stand und immer noch nicht nadelte... Sebastian Weber meinte, dass es eine Sinnestäuschung sei, man sähe nüchtern oft komische Dinge. Wir haben dann gemeinsam die Probe aufs Exempel gemacht, aber der Baum war immer noch da, komplett in Grün. Am nächsten Morgen hatte ich dann viel Durst und Lust auf etwas Fettes und Ekliges, also kaufte ich mir auf dem Weg zum Vorspielen einen Döner mit extra Fleisch und extra Soße. Mit selbigem bewaffnet kam ich in der Hochschule an, und die Dame von der Wettbewerbsleitung führte mich in meinen zugelosten Raum, in dem schon ein ziemlich nervöser und hoch konzentrierter junger Mann saß und mich mit weit aufgerissenen Augen entsetzt anstarrte. Ich muss auch ein schauriger Anblick gewesen sein, denn Uschis Dusche war kaputt, und er und Sebastian Weber hatten mich noch ausgelacht, als sie mir viel Glück für den Wettbewerb wünschten. So saßen wir also in unserem Kabuff, auf der einen Seite ein männlicher Harfenist namens Andreas Mildner, der sich jahrelang minutiös auf diesen Wettbewerb vorbereitet hatte, auf der anderen Seite der Tubist, der sich nur aus Zufall bei dem Wettbewerb angemeldet hatte und den eine Weihnachtsbaumaktion im späten März fast um die Finalteilnahme gebracht hätte. Mildner kaute nervös auf Baldriantabletten, ich mithilfe aller verfügbaren Körperteile einen sich aufgrund der vielen Soße auflösenden Döner. Nicht gerade das, was nach Chancengleichheit aussieht. Aber wenn ich Ihnen irgendetwas in psychologischer Kriegsführung empfehlen kann, dann doch diesen Döner. Das ist zwar keine besonders feine Methode, das gebe ich zu. Aber Italien ist schließlich 2006 auch nur Weltmeister geworden, weil der Materazzi den Zidane so dermaßen provozierte, dass der vom Platz flog und keinen Elfmeter mehr schießen konnte.

Auf jeden Fall tut es mir im Nachhinein sehr leid, dass ich am Ende auf diese Art und Weise den Wettbewerb gewonnen habe. Aber der Herr Mildner hat ja dann doch noch eine steile Karriere hingelegt, wurde Soloharfenist beim WDR in Köln und schließlich Professor in Würzburg. Vor allem aber haben wir als Tuba-Harfen-Duo mittlerweile rund einhundert Konzerte gemeinsam gespielt. Zehn Jahre zusammen ohne Ärger, das hätte ich mit einer Harfenistin sicher niemals geschafft.

Im Zug

Wenn man auf Reisen eine Tuba mit sich führt, dann muss man nicht unbedingt in ein Flugzeug steigen, um lustige Dinge zu erleben. Manchmal reicht auch schon die Deutsche Bahn. Denn die Züge der Deutschen Bahn sind exakt so konstruiert, dass das unauffällige Mitführen einer Tuba zur Unmöglichkeit wird: Sie passt nämlich ums Arschlecken nicht ins Gepäckfach, wobei das Arschlecken in diesem Fall genau sieben Zentimeter misst und das ist, was der Trichter zu viel an Durchmesser hat. Für solche Dinge gibt es in manchen Zügen Ablagen in der Mitte oder am Ende des Waggons, so richtige Regale für sperriges Zeug. Nur lang darf es nicht sein, zumindest nicht so lang wie eine Tuba. Das ist eine Form der Diskriminierung, über die seltsamerweise kaum diskutiert wird.

Folglich muss meine Fanny also gezwungenermaßen auch im Zug auf einen eigenen Sitz. Damit kann man sich im Übrigen sehr viele Freunde machen. Wenn der Zug nämlich mal so richtig voll ist, also schwitzende und schwankende Menschen in den Gängen, sitzende Knäuel vor den Türen, dann kann's schon passieren, dass sich der eine oder andere aufregt, warum auf dem Sitz eine Tuba sitzt und nicht einfach ein Mensch.

Für den Fall, dass Sie auch einmal in eine solche Situation kommen: Bleiben Sie ruhig und souverän. Erklären Sie mit Geduld, dass sie einfach nirgendwo anders hinpasst und dass auch eine Tuba ein Anrecht auf eine angenehme Reise hat. Außerdem fällt sie, wenn sie im Gang steht und es ein wenig ruckelt, gerne um, ganz im Gegensatz zu einem Menschen, der kann sich ja irgendwo festhalten, also was soll das ganze Theater eigentlich.

Und überhaupt kostet so eine Tuba eine Stange Geld, ungefähr 8000 Euro. Einen gebrochenen Arm hingegen zahlt jede Krankenkasse.

Aber auch, wenn der Zug nicht voll ist, weckt die Tuba doch immer wieder das rege Interesse der Mitreisenden.

Eine Zugfahrt ist mir besonders im Gedächtnis geblieben, und zwar ging es von Berlin nach München.

Ich sitze in den Großraumwägen ja gerne in diesen Vierergruppen, da hat man einen Tisch, und man kann gegenüber die Füße hochlegen. Neben einem die Tuba, vor einem die Haxen. Summa summarum besetzt man dann ganze drei Plätze, das relativiert auch gleich einmal den Ticketpreis. Der vierte Platz ist dann die Variable: Meistens sitzen dort Krawattenträger, die hastig in ihre Laptops hacken und Aktienkurse in ihre Headsets schreien. Zwischendrin schauen diese Leute dann immer angewidert auf meine Füße, da rückt der durch die Tuba besetzte Platz schnell in den Interessensfeldhintergrund.

Bei besagter Fahrt aber trug die Delinquentin in meiner Tischrunde keine Krawatte, sondern das Gegenteil: ein tief ausgeschnittenes Oberteil, das sich über einen monströsen Busen spannte. Den Büstenhalter hatte sie zugunsten zweier neugieriger Brustwarzen weggelassen. Etwas höher angesiedelt ein voller Mund, der nicht wirklich angeboren schien, übrigens ebenso wie die Brüste, und zwei neugierige Augen, die sich nicht pikiert mit meinen Füßen aufhielten, sondern immer zwischen mir und der Tuba hin- und herwanderten. Nach einer gefühlten Ewigkeit, etwa in Höhe Bitterfeld, erhob sich endlich die rotlackierte Fingernagelextension, und zwischen den Lippen formte sich eine wohlüberlegte Frage, die diese Dame offensichtlich schon seit einer Stunde beschäftigte:

»Was ist das?«
Ich sage, was ich in solchen Fällen immer sage: »Eine Querflöte.«
Sie: »Aha.«
Es entstand ein Pause, eine lange Pause. Dann die Erleuchtung:

Sie: »Nee, Quatsch, das ist doch gar keine Flöte!«
Ich: »Echt? Ach so.«
Wieder Pause. Dann gibt sie sich einen Ruck:
»Also was ist es denn jetzt?«
Ich glaube langsam, das könnte lustig werden.
Ich: »Raten Sie doch mal!«
Sie: »Hmhmhm ... eine Trommel?«
Ich. »Fast! Nur noch einen Tick unmusikalischer ...«
Sie: »Puh, keine Ahnung!«
Okay – das war auch schwer.
Sie wird ungeduldig: »Jetzt verraten Sie's halt!«
Ich würd sie ja gerne weiterraten lassen, aber sie scheint es nicht in gleichem Maße zu genießen wie ich. Vielleicht muss sie ja in Leipzig schon raus? Ich gebe auf.
Ich: »Okay. Es ist eine Tuba.«
Sie: »Eine was???«
Ich: »Eine Tuba.«
Sie: »Was ist denn das?«
Das wird kompliziert.
Ich: »Das ist wie eine Trompete, nur aufgeblasen.«
Sie: »Aha.«
Wieder Pause. Ob sie überhaupt weiß, was eine Trompete ist?
Sie: »Und das machen Sie beruflich?«
Ich: »Ja, mehr oder weniger. Ich hatte gestern in Berlin ein Konzert, jetzt fahr ich heim.«

Ihr Gesicht hellt sich auf: »Ah, Sie sind Musiker! Das ist aber cool. Geiler Beruf!«
Die Augen blitzen, der Mund wölbt sich lustvoll.
Sie: »Ich fahre übrigens auch nach Hause, war auch nur beruflich in Berlin. Nur beruflich...«
Tja, jetzt bin wohl ich am Zug. Sie blinzelt herausfordernd, das Dekolleté zuckt erwartungsvoll...
Ich: »Und was haben Sie da in Berlin so gemacht?«
Ihre Augen werden ganz eng.
Sie: »Das wollen Sie nicht wissen...«
Also wenn ich's bisher nicht wissen wollte, jetzt will ich's wissen.
Ich: »Aber sicher will ich's wissen!«
Sie setzt sich auf und richtet ihre Brustwarzen auf mich. Ich nehme mir ganz fest vor, egal, was sie sagt, ich sage »geiler Beruf«.
Sie: »Ich bin Pornodarstellerin!«
Ich: »Ach.«
Sie: »Ich bin in Berlin in einem Swingerclub aufgetreten, im Wedding.«
Ich: »Interessant.«
Die Gespräche im Zug sind mittlerweile alle verstummt. Totenstille. Ich fühle die Blicke und sogar die Ohren der Mitreisenden. Alle sagen das Gleiche: Frag weiter, du Idiot, frag weiter!!!
Ich bin mir der sozialen Verantwortung durchaus bewusst,

schließlich bin ich jetzt für das Glück von mindestens 50 Personen verantwortlich. Ich darf das Gespräch auf keinen Fall einschlafen lassen, ich muss etwas sagen, etwas möglichst Intelligentes. Ich suche nach den richtigen Worten...
Schließlich frage ich: »Und das machen Sie beruflich?«
Sie schaut mich verständnislos an: »Ja, klar.«
Ich stammle: »Aber ich dachte, im Swingerclub, also, da sind, ich meine, da gehen ja eigentlich nur Amateure hin, oder?«
Der ganze Zug stöhnt auf ob meiner Naivität.
Sie: »Na schon, aber zur Stimulation hat man schon mal Shows mit Profis. Mit Feuer, Spielzeug und so Sachen, Bondage, Kinky...«
Sie hat recht, wie dumm von mir. Ich war ja auch erst neulich als Dozent bei einem Tubistenseminar, das ist ja im Endeffekt dasselbe.
Ich: »Aha. Und da haben Sie sozusagen eine feste – äh – Theatergruppe?«
Sie: »Nee. Ich werde da als Star gebucht, und dann können die mit mir halt alles machen.«
Ich: »Das kenn ich, ich toure auch als Solist!«
Sie: »Siehst du.«
Mein Gegenüber wird immer vertraulicher... Die Seelenverwandtschaft ist auch nicht mehr zu übersehen.
Ich: »Und das machst du öfter?«
Sie: »Na ja, eigentlich mach ich Pornofilme. Du kennst

mich sicher, ich heiße Mia de Berg. Berg, du weißt schon, wegen den Dingern hier ...«
Sie walkt ihren Atombusen.
Ich kratze mich am Kopf: »Mia de Berg, Mia de Berg ... Tut mir leid, da muss ich passen.«
Die männlichen Mitreisenden schnauben verächtlich, die weiblichen nicken zufrieden. Braver Junge. Das ist zwar auch nicht ganz richtig, aber diesen Namen hatte ich tatsächlich noch nie vorher gehört. Vielleicht von Ihnen jemand? Mia de Berg?
Sie: »Ja, das hat sich sehr verändert. Früher war noch richtig viel Geld da, aufwändige Produktionen. Heutzutage lädt man alles kostenlos runter, da ist keine Qualität mehr ... Und keine guten Männer. – Willst du eigentlich mal mitspielen?«
Ich: »Ich? Wo mitspielen?«
Sie: »Na, in einem meiner Filme. Du schaust ja ganz nett aus!«
Langsam kriege ich das Gefühl, dass es der Pornofilmindustrie gar nicht mehr gut geht. Aber der Zug nickt zustimmend ...
Ich versuche abzuwiegeln: »Ich weiß nicht, ob meine beruflichen Qualifikationen mich für ein derartiges Projekt prädestinieren.«
Sie winkt ab: »Ach, ficken kann doch jeder. Und den Rest zeig ich dir schon.«

Ich: »Also ich weiß wirklich nicht…«
Plötzlich kommt mir eine Idee.
Ich: »Willst du denn nicht mal bei mir mitmachen?«
Sie: »Bei dir??? Was machst du denn?«
Ich: »Na, ich dachte, wir machen einfach ein Duo. Ich spiel was auf der Tuba und du – du – du… Kannst du denn überhaupt irgendwas spielen?«
Sie *(lapidar)*: »Ich kann mich ausziehen.«
Ich: »Okay, dann machen wir's so: Ich spiele, und du ziehst dich dazu aus.«
Sie wird nachdenklich: »Klingt interessant. Ein bisschen verrückt.«
Ich: »Ach, ich hab noch viel Verrückteres, ein Duo mit einem Harfenisten zum Beispiel. Auf jeden Fall stelle ich mir da einen barocken Festsaal vor. Ich fang alleine auf der Bühne an, und dann kommst du rein und ziehst dich ganz langsam aus.«
Sie: »An der Stange?«
Ich: »Wahrscheinlich eher eine Säule.«
Sie winkt ab: »Egal. Welche Musik?«
Ich denke, jetzt wird's richtig lustig: »Hm, ich dachte an die Cellosonaten von Johann Sebastian Bach. Kennst du die?«
Sie: »Nö.«
So eine Überraschung.

Ich: »Die musst du dir unbedingt mal anhören, die sind super zum Strippen. Immer gern genommen.«
Sie: »Kannst du mir das aufschreiben?«
Ich: »Klar!«
Ich schreib's ihr auf.
Sie: »Wer ist denn dieser Bach?«
Ich: »Ach, der ist schon tot. Aber er war fleißig. Er hatte immerhin 20 Kinder…«
Ihre Augen blitzen begeistert: »Boah, geiler Bock, der Bach. Vielleicht sollte ich mir lieber einen runterholen, wenn du das spielst.«
Ich: »Moment! Das könnte eventuell das Publikum überfordern. Aber es ist natürlich eine Überlegung wert… Barock ist es allemal.«
Ich stelle mir das Premierenpublikum bei den Ludwigsburger Schlossfestspielen vor. Wie der schwäbische Versicherungsunternehmer die Bühne fixiert, während seine Gattin ihn mit bösen Blicken bombardiert, und er sich schlussendlich hinabbeugt und ihr ins Ohr flüstert: »Mei Gschmäckle isch's ja au ned. Aber des isch halt oifach der Zeitgeischt!«

Langsam, ganz langsam freunde ich mich mit dem Gedanken an.

Aber dann doch etwas zu langsam, denn in Bamberg verließ mich meine zukünftige Duopartnerin, zusammen mit der Aussage, sie würde sich mal die Cellosonaten anhören und sich dann melden. Aber vielleicht hat sie ja auch nur meine Telefonnummer verloren …

LaBrassBanda – eine Aufwandseskalation

Während ich noch fleißig meine Treueausweise beim Leberkas-Pepi vollmachte, zogen sich über meinem trauten und lieb gewonnenen Heim in Linz die grauen Abschiedswolken zusammen. Im Sommer 2006 bewarb ich mich auf Drängen meines damals einzigen Privatschülers Christian und aus Jux auf die Professur am Salzburger Mozarteum und bekam sie. Wahrscheinlich auch aus Jux.

Fortan pendelte ich zwischen Linz und Salzburg hin und her, wovon hauptsächlich meine Ernährung profitierte, die endlich etwas ausgewogener wurde: Zum Leberkäse gesellten sich die Mozartkugeln.

Nur ein halbes Jahr später rief mich dann ein verrückter Trompeter an, den ich noch aus uralten Zeiten beim Bayerischen Landesjugendorchester kannte. Dort war uns die Ehre zuteilgeworden, als erste Mitglieder dieses Ensembles in Unehren entlassen zu werden. In dem Brief, den dummerweise meine Mutter als Erste öffnete, stand folgender Satz geschrieben: »Stefan und Andreas haben aus dem renommierten Bayerischen Landesjugendorchester ein fröhliches Landjugendorchester gemacht.«

Dieser zumindest vorläufige Endpunkt unserer gemeinsamen Karriere war aber dann doch nur ein retardierendes Moment, denn acht Jahre später stand ich mit Stefan, den ich seit damals nur Sepp nannte, weil er mich nur Hans nannte, in einem kleinen Club in Traunstein und versuchte verzweifelt, irgendetwas Modernes aus meiner Tuba herauszuwürgen. Tuba in einem Tanzclub, so etwas Verrücktes hätte ich mir nie träumen lassen. Aber da das Publikum im Schnitt 50 Jahre jünger wirkte als mein gewohntes und die Mädchen bei jedem wild rausgefurzten Basston sofort zu kreischen anfingen, ließ ich mich dann doch zu einer Bandgründung bewegen.

Anfangs war das wirklich sehr wenig Aufwand: Wir spielten meistens in der Nacht, so ab ein oder zwei Uhr, in einem grindigen Club irgendwo im Bayerischen Voralpenland. Ich konnte also am gleichen Abend noch gemütlich im Linzer Opernhaus die Darmflora der Orangen-Köchin intonieren, bequem mit dem Auto anreisen, mir ein paar schöne Blicke einfangen und pünktlich zur Orchesterprobe um 10 Uhr morgens wieder im Linzer Theater sitzen.

Selbst wenn wir auf Tour gingen, war das ganz einfach. Sepp, der Schlagzeuger Yossarian, der Posaunist Manuel, der Bassist Olli und ich passten ohne weiteres in Sepps alten Passat und die Instrumente auf wundersame Weise allesamt in den Kofferraum. Nicht in den Kofferraum passte jedoch mein Helikon »Hildegard«. Ein Helikon ist eine speziell für Reitereinheiten gebogene Tuba, und Hildegard hatte ich in Linz auf dem Dachboden des Theaters gefunden. Dort waren alle froh, dass ich sie mitnahm, denn sie war alt (schätzungsweise über hundert Jahre) und stank entsetzlich. Wahrscheinlich war ein Tier darin verendet, vor allem Mäuse und Ratten verirren sich gern mal im Trichter. Außerdem hatte sie Cellulite im Endstadium, also extrem ausgeprägtes Orangenblech.

Für unsere Zwecke war sie ideal, denn es kam ständig vor, dass irgendjemand in die Tuba krachte. Und bei Hildegard war das ziemlich egal. Eine Delle mehr oder weniger, irgendwann ist das wurscht. Nur einmal war es nicht so wurscht, denn da fiel in Salzburg ein schwedischer Fußballfan von der Bierbank in den Trichter, und zwar leider während ich spielte. Seitdem habe ich einen halben Zahn weniger. Allerdings konnte ich ganz stolz ein paar schwedische Schimpfwörter anbringen.

Wir alle liebten Hildegard, und sie bekam bei unseren Reisen einen Ehrenplatz auf dem Dachgepäckträger. Ohne Hülle, versteht sich, Trichter nach vorne (wegen der Mitbringsel). Sepps Credo war, man müsse jegliches unnütze Gepäck vermeiden. Zugelassen waren auch pro Person nur ein Wechsel-T-Shirt und eine Wechselunterhose. So fuhren wir drei Wochen durch den Balkan. Alles in allem also ein sehr überschaubarer Aufwand.

Leider mussten wir dann doch etwas früher abreisen als gedacht, denn auf der kroatischen Insel Brač gewann ein Zuhörer des Kneipenkonzerts den Eindruck, dass unsere Musik doch eher serbisch klingen könnte, und warf prophylaktisch eine Bierflasche nach unserem Posaunisten. Ein Beweis dafür, dass Musik als Völkerverständigung auch ohne jeweilige Sprachkenntnisse reibungslos funktioniert. Unser Posaunist Manu überlebte das Attentat nur zufällig und allein deshalb, weil er sich zum Wasserrauslassen hinuntergebeugt hatte. Auf unserer Fluchtroute zurück verpasste uns dann ein norditalienischer Bergbauer freundlicherweise noch eine kollektive Muschelvergiftung. Das klingt jetzt alles recht wild und spektakulär, und so stellt man sich das Leben mit einer Rockband ja landläufig auch vor, nicht wahr?

Besonders neugierig war diesbezüglich ein junger Redakteur einer großen deutschen Tageszeitung. Er hatte den Auftrag, uns auf unserer zweiten England-Tour zu begleiten, und er war sehr aufgeregt. Ob dieses

Rock 'n' Roll-Leben tatsächlich so wild sei, wollte er permanent wissen, und wie das so sei mit den Drogen und dem Sex. Das Ende vom Lied war, dass nach dieser Reise fünf völlig fertige Musiker wieder am Chiemsee anlandeten. Allerdings waren sie nur deswegen so fertig, weil sie in der vorangegangenen Nacht stundenlang halb Liverpool nach einem deutschen Journalisten abgesucht hatten, der sich zu rein journalistischen Zwecken, wie er später versicherte, in einem zwielichtigen Club von einem persischen Fräulein verführen ließ. Dieses hatte aber dummerweise einen sehr nordenglischen Freund, der dann mal vorbeikam und ihn eher unjournalistisch und ziemlich real zum Spaziergang ausführte. Wir fanden ihn schlussendlich in einer Telefonzelle, und er sah ziemlich genau nach Sex, drugs und Rock 'n' Roll aus. Jedenfalls bedeutend mehr als wir.

Ganz so unschuldig waren wir allerdings nicht immer unterwegs, und das war ganz gut so, denn sonst wären wir wahrscheinlich noch bis vor kurzer Zeit ausschließlich als Hochzeitskapelle aufgetreten. Dort konnte man nämlich anfangs im Gegensatz zu irgendwelchen Clubgigs, bei denen unter Umständen gerade mal eine Tiefkühlpizza als Gage heraussprang, wenigstens etwas verdienen. Diese Verdienstmöglichkeiten nahmen allerdings bald schon ein jähes Ende, denn bei einer Hochzeit im Mittelbayerischen fand man am Morgen danach einen von uns im Brautbett. Zwar ohne Braut, aber immerhin.

So etwas spricht sich herum, und wir beschlossen, jetzt doch eine echte Karriere zu machen. Ich kündigte in meinem Orchester, gab meinen letzten Treueausweis ab, überließ meine Integrations-WG ihrem Schicksal und verschrieb mich dem Tourleben mit einer Popband.

Für jemanden wie mich war das schon etwas ziemlich Fremdes, aber ich fand alsbald gute Berater, allen voran den Kniess Ferdl, der als Rockgitarrist bereits etliche Jahre auf dem Buckel hatte und bestens mit der Materie vertraut war. Er wohnte ziemlich abseits auf einem kleinen Weiler, und man musste ihn oft nächtens heimfahren, da er sehr schnell betrunken war. Auf diesen zahlreichen Fahrten gab er dann bereitwillig sein profundes Wissen weiter, allen voran die wichtigste aller Regeln (ich empfehle allen empfindlichen Lesern, die nächsten Zeilen in ihrem eigenen Interesse zu überspringen): »Bua, wannst auf a Festival gehst, nachad muasst de Weiber am erschtn Tog glei vegln, weil ab am zwoatn Tog, da fangans scho o zum stinga.«

So professionell präpariert konnte einem ja gar nichts mehr passieren, und Sie werden sich sicher fragen, warum ich diesem verlockenden Leben den Rücken gekehrt habe. Nun ja, mit der Zeit änderte sich so manches: Der Passat wich einem Feuerwehrauto, das Feuerwehrauto einem Kleinbus, der Kleinbus einem Doppeldecker mit Schlafbetten, bald waren es zwei, aus fünf Musikern wurden acht, aus einem Techniker fünf, aus dem einen Aufbauhelfer sieben ... Sie sehen: ein riesiger Aufwand. Und einen Aufwand – den sollte man lieber vermeiden.

Rückbesinnung durch brasilianische Mithilfe

Also wollte ich wieder etwas machen, was so überhaupt gar kein Aufwand ist. Und das Ergebnis, das lesen Sie hier gerade. Einfach ganz normale Begebenheiten aus meinem Leben. Gar nichts erfinden musste ich.

Und wenn ich die Geschichten vorlese, dann les ich sie auch nur ab. Ich muss sie nicht einmal auswendig lernen. Dazu blas ich ab und zu in die Tuba, aber auch nur brasilianische Liebeslieder.

Brasilianische Musik, die ist ja allgemein bekannt dafür, sehr feurig und schwungvoll zu sein. Brasilianische Liebeslieder sind es nicht. Die sind eher fad und ziemlich depressiv, das passt hervorragend.

Der Guto klampft dazu ein bisschen auf der Gitarre, aber die hat er in Wirklichkeit auch nie gelernt. Einen Gitarristen hab ich für mein Programm nämlich nicht bekommen. Ich hab viel herumgefragt, aber es kamen nur Ausreden. Bis mir mal ein befreundeter Gitarrist gesteckt hat, dass ich doch aufhören solle zu nerven, ich werde eh niemanden finden. Es sei einfach unter der

Würde eines Gitarristen, gemeinsam mit einem Tubisten aufzutreten. Also gut, hab ich mir gedacht, wenn man das weiß, ist das ja kein Problem. Dann sucht man halt in Regionen, die instrumentalhierarchisch noch unter der Tuba angesiedelt sind.

Und den Guto, den hab ich das erste Mal gehört, als ich in München vom Isartor zum Marienplatz gelaufen bin. Haben Sie das schon einmal gemacht? Da kommen Sie zunächst am Weissen Bräuhaus vorbei, und wenn Sie es da vorbeigeschafft haben, kommt bald rechter Hand die Sparkasse. Und die Sparkasse, die hat so einen Gewölbeüberhang. Der klingt recht fein, und deswegen stehen s' da so gern.

An diesem Tag stand da also der Guto, und zwar mit seinem Hut und seinem – Kontrabass. Der Guto hatte zu diesem Zeitpunkt bereits gefühlte 14 Jahre Kontrabass studiert. Ich habe mir das eine halbe Stunde angeschaut, dann bin ich hin und hab ihn gefragt:

»Du, du hast doch bestimmt auch mal Hunger.«

Darauf der Guto: »Ja, permanent!«

Ich: »Ja, dann lern Gitarr'.«

Und jetzt spielt er halt Gitarre. Wie, des können Sie sich ja mal anhören. Er sagt immer: »Für einen Tubisten g'langts leicht.«

Kleine Instrumentenkunde

Wenn Sie bereits hier angekommen sind, dann haben Sie ja schon ein ziemlich dickes Fell bewiesen. Nichtsdestotrotz darf ich Sie noch einmal einer besonders intensiven Prüfung unterziehen: meiner Lyrik.

Dichten liegt bei uns in der Familie. Und so dichte auch ich sehr gerne. Das heißt aber deswegen nicht, dass ich es kann. Also mach ich Ihnen folgenden Vorschlag: Sie lesen jetzt erst einmal ein Gedicht, und wenn es Ihnen nicht gefällt, dann ist das Buch für Sie hier aus. Und wenn es Ihnen gefällt, dann lesen Sie halt bis zum bittern Ende weiter. Ich würde mir allerdings an Ihrer Stelle schon mal ein paar Gedanken machen ...

Was ich noch vorwegschicken möchte: Die Gedichte im Folgenden sind nur zur Hälfte auf Deutsch. Die andere Hälfte ist auf Starckdeutsch. Das ist noch um etliches mehr als Deutsch.

Das Starckdeutsche ist auch nicht meine Erfindung, sondern entsprang im Jahre 1972 einem Berliner Literaturzirkel. Literaturzirkel ist ein sehr feines Wort für Germanistikstudenten, die sich zum Saufen treffen.

Dieser Literaturzirkel fand, dass das Deutsche immer mehr verkomme und dass man sich nicht so sehr von einer abgezirkelten Grammatik sowie einer abgeschwächten Phonetik, sondern vielmehr von einer Grammatik des persönlichen Empfindens sowie einer wiedererstarckten Klangsprache leiten lassen solle. Wie man das mache, das sei vollkommen individuell. Den Literaturzirkel gibt es leider nicht mehr, und nur einer der Jünger des Starckdeutschen hat überlebt und ein Buch mit starckdeutschen Gedichten verfasst. Aus diesem Buch trug mein Onkel Harro stets an Heiligabend vor. Wir Kinder waren begeistert. Und so schrieb ich selber viele Gedichte auf Starckdeutsch. Anfänglich Liebesgedichte für den tatsächlichen Gebrauch. Das musste ich wegen anhaltender Erfolglosigkeit aber einstellen. Mittlerweile habe ich mich auf wissenschaftliche Lehr-Gedichte verlegt, hauptsächlich die Instrumentenkunde betreffend. Dieser ebenso vergnügliche wie auch lehrreiche Ausflug soll das Buch beschließen.

Und wenn Sie sich jetzt fragen, warum Sie überhaupt eigentlich schon bis hier gelesen haben: Jetzt ist es dafür schon zu spät.

Die Flöte

Die Flöte
klingt wie 'ne Kröte
die voller Nöte
die dadurch entstehen
daß den Zaun* sie passiert
sich dabei kastriert
jetzt jammernd vibriert –
ja, so kann man das sehen.

---

* Mit diesem Zaun ist ein Krötenzaun gemeint. Ein Krötenzaun ist ein zirka 20 Zentimeter hoher Zaun, der links und rechts von einer Bundesstraße errichtet wird, damit die Kröten nicht auf die Straße laufen und von den Autos überfahren werden. Ich habe selbst in meiner Jugend beim BUND Naturschutz Geisenfeld an sehr vielen Wochenenden Krötenzäune gebaut. Und das nicht, weil ich die Kröten so gernhabe. Kröten sind mir wirklich komplett wurscht. Eigentlich ist mir nichts so wurscht wie eine Kröte. Aber beim BUND Naturschutz Geisenfeld hat beim Krötenzaunbau in der Mittagspause die Metzgerei Bauer Wurstsemmeln geliefert. Und zwar nicht irgendwelche Wurstsemmeln, sondern Wurstsemmeln mit fünf fingerdicken Radln Wurscht drauf. Und so etwas, das hatte ich noch nie gesehen. Bei uns zu Hause gab es zwar auch Wurschtsemmeln, aber nur am Samstag und auch nur eine pro Person. Und auf dieser Wurschtsemmel war auch nur EIN Radl Wurscht, und das – das war längs halbiert. Meine Mutter kommt nämlich aus Stuttgart.

Als ich also das erste Mal diese Wurschtsemmeln der Metzgerei Bauer erblickte, da wähnte ich mich im Paradies, und ich spürte intuitiv, dass das Leben mir mehr nicht bieten werden könne. Und so meldete ich mich stets freiwillig zum Krötenzaunbau. Wenn Sie also einmal das Vergnügen haben sollten, von Manching aus über Forstwiesen nach Geisenfeld zu fahren: Die ganzen zwölf Kilometer, der Krötenzaun links und rechts – das war ich.

Jedenfalls: Einen Krötenzaun, den kann man auf zweierlei Arten bauen. G'scheit und g'schlampert. Wenn man einen Krötenzaun g'scheit baut, dann rollt man den Zaun oben etwas ein, sodass er ganz rund ist. Denn unter den Kröten gibt es auch sportliche Kröten, und für diese Kröten ist so ein Krötenzaun kein Hindernis. Die sportliche Kröte nimmt nämlich Anlauf und springt auf den Zaun auf.

Und wenn dieser Zaun oben ganz sauber gebaut und rund ist, dann fällt sie einfach auf der anderen Seite wieder herunter, läuft auf die Straße und wird dort vom Auto überfahren – alles wunderbar.

Wenn aber der Zaun oben nicht abgerundet ist, sondern nur grob abgeschnitten und ganz spitz und scharf, dann bleibt die sportliche Kröte oben auf dem Zaun aufgespießt hängen und verendet dort elendiglich.

So viel dazu, damit Sie das Gedicht verstehen.

Bei den folgenden Gedichten überlasse ich Sie übrigens Ihrem Schicksal, man muss ja nicht alles erklären. Vor allem nicht das, was man gar nicht erklären kann.

Tei Pfloutn

Tei Pfloutn
tei Pfloutn
sullt monn ulls Monn farmoutn!
Kepfeufft – opp Pluck, opp kwurr
ös schmurzzt onsr Gehurr!
Zei luichcht öst sü ont weupplüch
irr Klungg schröll ont peteupplüch.
Keischufftick, nöcht zei stuppen
spüllt sei karr pfülle Nutten …
Irr lüppen Pfrointe, Pfurrsöchcht!
Ös reuchcht, wann sulchs farurrsöcht
taß Weupp! S'üsst norr natuurlöch.
Pforr Munner östs gefuurlöch!

Das Akkordeon

Akkordeon
Das hört man schon
Macht nur Akkorde
Keinen Ton.
Das ist das Glück, denn durch die vielen
Töne, die zusammen spielen
Hört man nicht den Einzelton.
Und der – beim Akkordeon
Klingt wie der Wind, der fährt durch Stoffe
Ihr wisst, wie Wind klingt, wie ich hoffe,
der durch etwas fährt – ja: jaulig,
abgestanden, ranzig, faulig.
Deshalb bleibt man wie im Wort,
lieber immer beim Akkord.

Akkurtheiunnn

Akkurtheiunnn
Akkurtheiunnn
das klöngt gefuurlich, wie ich munn.
Doch öst's da fürr tei Sehensöchten
von Luichtmatrussen ont auch öchten
ont sulchen, tei es seun gurn möchten.
Teishulp heußts auch pussend hürr
ollerurts Schüfferklawürr!
Weul puim Klawürr, puim sulchen spüllen
sötzt man auf öxpunnierten Stüllen.
Muß man muhl, dann öst das tumm,
munche fonken unn zou müffen.
Aber puim Akkurtheiunn
kann munn steits propleimluhs schüffen.

Der Kontrabass

Der Kontrabass
Ist mal so was,
Was gut aussieht, wenn rumgetragen
Auf dem Rücken kleiner Frau'n,
Die zu »Warum nicht Flöte?«-Fragen
Immer sehr genervt dreinschau'n.
Sonst kann man damit nix machen.
Keine virtuosen Sachen,
Keine Kunst, kein Jubilieren,
In der Finsternis agieren
Sie als Knechte der Musik.
Ziehen stumm mit starrem Blick
Langes Haar vom Pferdepo
Einmal so und einmal so
Über Saiten harten Stahls.
Nicht aus Darm und abermals
Zeigt das Schicksal uns gebührlich,
Wie dies Monstrum unnatürlich!
Denn für so 'nen tiefen Furz
Ist jeder Darm der Welt zu kurz.

Dörr Kuntrabuß

Tenn Kuntrabuß
Tenn Kuntrabuß
spüllt wärklich norr, wer wärklich muß!
Weul sulches Tromm öst nöcht nurr knurrig
suntörn uuch öntsutzlich spurrig!
Puszt schlöcht in Automopüllen
nöcht mütt ont nöcht unne Hüllen.
Norr cun Furteul, dass öst ürrer:
Wunn, wwi dazumull der Fürrer
schreutt am Spißß terr Tirrikunt
ont machcht soinn Orrkußter runnt.
Ja , dann schwötzen furrn die Gougen
ont die Bruttschn rulln die Ougen
ont die Bluuser for Öntzutzen
klummern söch an üüre Stutzn
Klarinutten ont Fagutt!
Fust keinn ßi tarpui kaputt!
Norr dörr Hürr omm Kuntrabuß
heitt onn ullem röchtick Spußß
weul unförrlautzt ont gutt förrstuckt
örr hönter soinem Kußßtn huckkt.

Die Posaune

Der Posaunist
Der Po-sau-nist
Klingt viel versauter, als er ist
Er ist zumeistens unentschlossen
Schiebt seinen Zug doch unverdrossen
(immer nur) so ungefähr
(mal nur wenig, mal auch mehr)
hin und her.
Oder anders: rein und raus
Das kennt jeder von zu Haus
zieht und schiebt er stundenlang
mancher glaubt, aus Wahn und Zwang.
Manchen interessiert's dann doch
wohin schiebt er, wo das – Ziel
Doch das ist hier nicht relevant
Vielmehr ist uns nur bekannt
dass der Posaunist beim Schieben
Wie viel Positionen hat, na? – Sieben.

Tei Poußeunen

Tei Poußeunen
tei Poußeunen
teifunn pfülle Furschr meunen
zönnt gurr präparähüßturrüsch
oddr gurr norr pruwißurrüsch!
Koine Tußtn, koine Knupfn,
norr eunn Rurr önns undre stupfn.
Oinfuch klönkt's, ufft ouspruppürt,
trutzteim öst's heuchkumpleizürrt:
Weul önn pfüllen Pfullen ß'Psundre:
eun Rurr pußt offt zschlöcht önns undre.
Munn zullt Gleutguhl donn peinutzn,
zunzt farkuilen söch tei Stutzn
onnt ös kknurscht onnt kruchcht puim Scheubn
piß seich puite Teul zarreubn.
Uppacht: Ult wei tui Poußunne
ößt tei Wuißheutt, tüsse klunne.
Stöckt önn teimm Poußeunenkuffr
schlommernd oine ult Meituffr.

Die Trompete

Bretternd
durch die Welt – bedeutend
Schmetternd
bläst der Held –
sein kleines Horn
durchs Loch von vorn
Und auch das hinten ist nicht größer viel
Das Rohr gerade wie ein Stiel
Ganz steif, direkt und penetrant
Der Tiefe, der Finesse entmannt
Und um das nun zu kompensieren
Manch grausig hohen Ton sie stieren
Sich dran ergötzen
Dran erlaben
Dass sie auch was ganz Eignes haben
Doch das, was halt auf dieser Welt
Als erster Parameter zählt
Enthält ihnen das Leben vor:
Ein großes, dickes, langes Rohr.

Tei Tromputten

Tei Tromputten
tei Tromputten
spüllen tochch nurr tei Ütjutten!
Weul torch tüßßes Luch, tass kluine
trockcken sei tui Lofft! Ich muine:
Worrom norr mött sulchem Trockck???
Dörr kummt forchterlöch zarrock!
Ont zerstuurt ön üüren Börrnen
wuß noch öpprick fumm Gehörrnen!

Die Geige

Der Geiger geigt fidelbum fidelbum
auf seiner Fiedel da herum.
Ich halt's nur staunend in den Händen
man kann es drehn, man kann es wenden.
Es ist und bleibt ein Holzgekistel
dem manches Gutachtergefistel
zuspricht einen unfassbaren
Wert, entfernt gar weit vom wahren.
Dazu ein umständlicher Stecken
mit Haaren dran, die sonst bedecken
Ausgänge von Pferdedärmen.
Können Sie sich da erwärmen?
Wollen Sie dass ich's jetzt zeige
den Bogen auf die Saite neige
und wie ein Paganino geige?
Tut mir leid, ich bin zu bescheiden.

Tei Gougn

Tei Gougn
Tei Gougn
(fartrui tarpui tei Ougn)
tei moss munn pfülle Stontn üppen
püß munche pfonn dönn Stüllen küppen …
Gougn söch kantz wonte Föngr
ont dr Halßflöck wwurt nuch löngr.
Ulles pfurr tei Kurriör!
Norr pförr Rumm ont pfürr tei Öör.
Weul taß Gult, taß öst schunn wuck.
Ousgeiguubn wars rockzuck!
Nöcht pfurr schunnes Summelsurri
nöcht pforr luckeruures Kurri
nöcht pforr Tunzz mött Pottkepurri
Nuin! Ulls furtt förrt Struttiwurri!

Tuppa Ploußen

Ömmer norr de Tuppa ploußen
Tout töch eigurtwann farrtroußen!
Eun Tonn turrt ont eun Tonn hürr
Ont tarzweuschin eun Schlock Pürr.
Eigurtwunn tönckt mann söch tuchch:
Weurumm plouße öch tenn nuchch?
Weul teis Püßken hörr zeum ploußen
Kunn euch pössir kluich farrsouffen!

Zum Ausklang

Ich muss schon sagen, Sie haben meine Bewunderung. Ich habe mir das Buch ja jetzt schon etliche Male selbst vorgelesen, und das sogar in aller Öffentlichkeit. Das war nicht leicht. Für mich nicht und den Guto auch nicht.

Aber wie so vieles überlebt man auch das, und zu meiner Verteidigung darf ich noch mal drauf hinweisen, dass ich mir das Ganze ja zumindest nicht ausgedacht habe. Was passiert ist, ist passiert. Und für die Wahrheit ist schließlich immer Platz.

Dank

Besonderer Dank gilt meinem traumhaften Illustrator und Freund Carl-Heinz Daxl und all den Menschen, die mich bei dem Verfassen des Buches beraten und unterstützt haben, allen voran mein Freund Deininger, der Wolfgang, die Miriam, der Milan, der Guto, der Matthias und die Johanna sowie mein Bruder Michael und meine geliebte Mutter. Nicht zu vergessen der Schwabmünchener Buchhändler Hans Grünthaler, der frecherweise die Lesung buchte, bevor sie überhaupt auch nur ansatzweise geschrieben war. So hatte ich keine Wahl. Und Sie wissen endlich, wer an diesem Buch schuld ist.

Zum Autor

Als »Instrumentalist des Jahres« zeichnete ihn die Jury des ECHO Klassik 2013 aus und vergab damit einen der wichtigsten Musikpreise Europas erstmals an einen Tubisten.

Andreas Martin Hofmeir, sicherlich einer der besten und vielseitigsten Instrumentalisten der Gegenwart, ist ein Grenzgänger zwischen verschiedenen Genres: Der 37-Jährige ist Professor an der Universität Mozarteum Salzburg, hat einen der gefragtesten Pop-Acts des Landes, die bayerische Kult-Band LaBrassBanda, mitbegründet und wurde mehrfach für seine Kabarettprogramme mit Preisen ausgezeichnet (u. a. beim Passauer Scharfrichterbeil). Er ist gefragter Solist und Kammermusiker und gibt weltweit Meisterkurse.
1978 in München geboren und in Geisenfeld in der Holledau aufgewachsen, fand er über Klavier, Schlagzeug und Tenorhorn im Alter von zwölf Jahren zur Tuba. Nach Privatunterricht bei Robert Tucci (Bayeri-

sche Staatsoper) studierte er bei Prof. Dietrich Unkrodt in Berlin, bei Michael Lind an der Königlichen Musikhochschule in Stockholm und in Hannover bei Prof. Jens Björn-Larsen. Im Jahre 2004 gewann er den renommierten Internationalen Tuba-Wettbewerb »Citta di Porcia« in Pordenone (Italien) sowie – als erster Tubist in der Geschichte des Wettbewerbs – den Preis des Deutschen Musikwettbewerbs 2005 in Berlin. Er war Stipendiat der Orchesterakademien der Berliner und der Münchner Philharmoniker und spielte in rund 30 Orchestern, darunter die Wiener Philharmoniker, das Gewandhausorchester Leipzig, das Symphonieorchester des Bayerischen Rundfunks, die Bamberger Symphoniker und das Bayerische Staatsorchester. Von 2004 bis 2008 war er Solotubist im Bruckner Orchester Linz unter Dennis Russell Davies.

Als Solist trat er unter anderem mit den Münchner Philharmonikern, der NDR Radiophilharmonie Hannover, dem Orchester des Nationaltheaters Mannheim, den Nürnberger Philharmonikern, dem SWR Rundfunkorchester Kaiserslautern, dem Philharmonischen Orchester Hagen, dem Symphonieorchester Aachen, dem Rundfunk-Symphonieorchester Berlin, dem Bruckner Orchester Linz, dem Niedersächsischen Staatsorchester Hannover, dem Stuttgarter Kammerorchester, dem Konzerthausorchester Berlin, dem Württembergischen Kammerorchester Heilbronn, der Philharmonie Vorpommern, der Neubrandenburger Philharmonie, der Bläserphilharmonie Salzburg und der Jungen Philharmonie Salzburg auf.

Mit dem Harfenisten Andreas Mildner gründete er das erste Tuba-Harfen-Duo weltweit und konzertierte bei namhaften Festivals wie dem Schleswig-Holstein-Musikfestival, dem Festival Mitte Europa, den Ludwigsburger Schlossfestspielen und dem Internationalen Harfenfestival in Rio de Janeiro. Neben ihrem Erfolgsprogramm »Why not?« sind sie nun auch mit einem neuen Programm unterwegs. In »Besser ohne Worte« spielen sie Lieder, Arien und Opernparaphrasen, wie immer süffisant moderiert.

Als Kammermusiker spielte Andreas Martin Hofmeir des weiteren mit dem Sharoun-Ensemble der Berliner Philharmoniker, den Blechbläserquintetten der Münchner Philharmoniker und der Bamberger Symphoniker und dem Heavy Tuba Ensemble.

Seine Solo-Konzerte werden regelmäßig von verschiedenen Rundfunkstationen übertragen, darunter der BR, NDR, SWR, Deutschlandradio, Deutschlandfunk und die RAI. Mit der Deutschen Bläserphilharmonie spielte er bereits im Jahr 2000 das Tuba Concerto von Martin Ellerby auf CD ein.

Seine CDs »Uraufnahmen« mit ausschließlich Welt-Ersteinspielungen (ECHO Klassik 2013) und »Why not?«

mit Werken für das Duo Tuba & Harfe sind beim Label Genuin erschienen. Im März 2014 kam sein neues Solo-Album »On the way« mit den Münchner Philharmonikern unter Andrew Manze bei SONY Classical heraus.

Neben seiner Tätigkeit als klassischer Musiker steht Hofmeir seit dreizehn Jahren auch als Kabarettist auf der Bühne. Er spielte und schrieb die Texte für Programme des Musikkabaretts »Star Fours – Die Musik schlägt zurück« und des Wortkabarett-Ensembles »Die Qualkommission«, mit dem er auch beim Passauer Scharfrichterbeil ausgezeichnet wurde. Zusammen mit Roman Deininger schrieb und inszenierte er im April 2008 den Kabarettabend »Der Ball ist wund« am Landestheater Linz.

Eine Verschmelzung dieser beiden Tätigkeiten fand am 23. März 2014 in München statt: Unter dem Titel »Lackschuh oder Barfuß« führen die Münchner Philharmoniker ein von ihm verfasstes kabarettistisches Theaterstück auf, bei dem er nicht nur als Schauspieler, sondern auch als Solist mit dem Orchester agiert. In der Folge entwickelte Andreas Martin Hofmeir ein sehr erfolgreiches Cross-Over-Programm mit dem Titel »All About That Bass«, in dem er Klassik, Kabarett und Jazz zu einer Colage formt. Neben einem Symphonieorchester steht dabei noch eine Jazzband auf der Bühne, mit der er auch solo auftritt.

Ebenfalls sehr erfolgreich verlief seine Karriere als Popmusiker: Mit der bayerischen Band »LaBrassBanda« war er »Sieger der Herzen« beim Eurovision Song Contest und stürmte mit deren drittem Album »Europa« (erschienen bei Sony) die Top 10 der deutschen Charts. Im Jahr 2013 spielte LaBrassBanda auf den Konzerten ihrer Deutschlandtournee für rund 500 000 Zuhörer, dazu kamen zahlreiche Fernsehauftritte.

Seit seinem Abschied von LaBrassBanda steht Hofmeir wieder vermehrt als Kabarettist auf der Bühne, und zwar mit seinen musikalisch-kabarettistischen Lesungen »Kein Aufwand!« und »Kein Aufwand! Teil 2 – die letzten Jahre«, begleitet von Guto Brinholi an der Gitarre. Diese Abende mit ihrem skurrilen Mix aus Lesung, Kabarett, Konzert, Klassik und Jazz wurden aus dem Stand zu einem Riesenerfolg, wie viele ausverkaufte Bühnen in ganz Deutschland zeigen.

Andreas Martin Hofmeir spielt die Tuba »Fanny« der Marke B&S.

Der Verlag weist ausdrücklich darauf hin, dass im Text
enthaltene externe Links vom Verlag nur bis zum Zeitpunkt
der Buchveröffentlichung eingesehen werden konnten.
Auf spätere Veränderungen hat der Verlag keinerlei Einfluss.
Eine Haftung des Verlags ist daher ausgeschlossen.

Verlagsgruppe Random House FSC® N001967

2. Auflage
Copyright © 2016 by btb Verlag
in der Verlagsgruppe Random House GmbH,
Neumarkter Str. 28, 81673 München
Umschlaggestaltung: semper smile, München
Umschlagmotiv: © Carl-Heinz Daxl
Satz: Uhl + Massopust, Aalen
Druck und Einband: CPI books GmbH, Leck
Printed in Germany
ISBN 978-3-442-75677-3
www.btb-verlag.de

www.btb-verlag.de
www.facebook.com/btbverlag
Besuchen Sie auch unseren LiteraturBlog www.transatlantik.de!